目 录

权力的博弈

看皇权、相权、绅权的此消彼长

历史的风骨

谈中国人的风骨和气节

中国人的规矩

CHINESE RULES

吴晗 著

台海出版社

图书在版编目（CIP）数据

中国人的规矩 / 吴晗著 . -- 北京 : 台海出版社，2023.11

ISBN 978-7-5168-3649-1

Ⅰ . ①中… Ⅱ . ①吴… Ⅲ . ①中国历史—通俗读物 Ⅳ . ① K209

中国国家版本馆 CIP 数据核字（2023）第 171465 号

中国人的规矩

著　　者：吴　晗

出 版 人：蔡　旭　　封面设计：末末美书
责任编辑：赵旭雯

出版发行：台海出版社
地　　址：北京市东城区景山东街 20 号　邮政编码：100009
电　　话：010-64041652（发行，邮购）
传　　真：010-84045799（总编室）
网　　址：www.taimeng.org.cn/thcbs/default.htm
E-mail：thcbs@126.com

经　　销：全国各地新华书店
印　　刷：三河市嘉科万达彩色印刷有限公司
本书如有破损、缺页、装订错误，请与本社联系调换

开　　本：880 毫米 ×1230 毫米　1/32
字　　数：170 千字　　印　　张：8
版　　次：2023 年 11 月第 1 版　　印　　次：2023 年 11 月第 1 次印刷
书　　号：ISBN 978-7-5168-3649-1

定　　价：49.80 元

战争的成败

论烽火中的和平守望

经济的变革

历史带来的机遇和挑战

隐秘的角落

千百年前的历史教训

底层的逻辑

百姓们的烟火日常

第一编

权力的博弈

看皇权、相权、绅权的此消彼长

特权阶级与礼

为了维持统治权的尊严，历代以来，都曾费心思规定了一大套生活服用的限制，某些人可以如何，某些人不可以如何。可以不可以，全凭人的身份来决定。这些决定，美其名曰礼。正史里每一套都有极其啰唆、乏味的礼志，或者舆服志、仪卫志之类，看了叫人头痛。其实说穿了，正有大道理在。原来上帝造人，极其平等，虽然有高低肥瘦白黑美丑之不同，原则上，作为具备“人”的条件却是相同的。不管你是地主或农奴，皇帝或小兵，都有鼻子眼睛，都有牙齿耳朵，也都有两条腿，以及其他的一切。脱了衣服，大家都光着身子，一切的阶级区别便会荡然无存。没有穿衣服的光身皇帝，在大街上捡一块破蒲包，遮着身子，立刻变成叫花子。因之，一些特殊的人物为了矫正这天然的平等，便不能不用人为的方式来造成不平等。用衣服冠履，用宫室仪卫，来造成一种尊严显赫以至神秘的景象。使另外一些人感觉不同，感觉异样，以至感觉羡慕、景仰，以为统治者果然是另一种人，不敢生非分之想，一辈子，而且子子孙孙做奴才下去。如此，天下便太平了。

平心而论，做一个皇帝，戴十二旒的冕，累累赘赘地拖着许多珠宝，压得头昏脑涨，穿的又是五颜六色，多少种名目。上朝时规规矩矩坐在大殿正中死硬正方或长方的蟠龙椅上，实在不舒服。不能随便出门，见人也得板着脸孔，不能随便说笑。作为一个自由人的可爱可享乐处，他都被剥夺了。然而，他还是要耍这一套，为的是，他除开这一套，脱了衣服，他只是一个普普通通的上帝所造的人。

礼乎礼乎，衣服云乎哉；礼乎礼乎，宫室云乎哉！

明白了这一点，也就可以明白如今不管什么机关，即使是什么部的什么局的第几军需处的第几服装厂的第几针织部，门口都有一个荷枪的卫兵在守卫着的缘故了。

明白了这一点，也就可以明白古代许多陵，埋死人的坟，为什么花这么多钱的理由；也可以明白在北平在上海，阔人们的大出丧，以至公务人员每七天都要做的那一套，以至看电影前那一些不和谐的情调的由来了。

历史上的君权的限制

近四十年来，坊间流行的教科书和其他书籍，普遍有一种误解，以为在民国成立以前，几千年来的政体全是君主专制的，甚至全是苛暴的、独裁的、黑暗的，这话显然有错误。在革命前后持这种论调以攻击君主政体，固然是一个合宜的策略，但在君主政体早已成为历史陈迹的现在，我们不应厚诬古人，应该平心静气地还原其本来的面目。

过去两千年的政体，以君主（皇帝）为领袖，用现代话说是君主政体，固然不错，说全是君主专制却不尽然。至少除开最后明、清两代的近六百年，以前的君主在常态上并不全是专制。苛暴的、独裁的、黑暗的时代，历史上虽不尽无，但都可说是变态的、非正常的现象。就政体来说，除开少数非常态的君主个人的行为，大体上说，一千四百年的君主政体，君权是有限制的，能受限制的君主被人民所爱戴。反之，他必然会被倾覆，破家亡国，人民也陪着遭殃。

就个人所了解的历史上的政体，至少有五点可以说明过去的君权的限制，第一是议的制度，第二是封驳制度，第三是守法的传统，第四是台谏制度，第五是敬天法祖的信仰。

国有大业，取决于群议，是几千年来一贯的制度。春秋时子产为郑国执政，办了好多事，老百姓不了解，大家在乡校里纷纷议论。有人劝子产毁乡校，子产说，不必，让他们在那里议论吧，他们的批评可以作为我施政的参考。秦汉以来，议成为政府解决大事的主要方法，在国有大事的时候，君主并不先有成见，却把这事交给廷议。廷议的人员包括政府的高级当局，如丞相、御史大夫及公卿列侯二千石以至下级官，如议郎、博士以及贤良文学。谁都可以发表意见，即使这意见恰好和政府当局相反，即使所说的话是攻击政府当局，也可以不厌其详地反复辩论。辩论终了时，理由最充分的得了全体或大多数的赞成（甚至包括反对者），成为决议，政府照例采用，作为施政的方针。例如汉武帝以来的盐铁榷酤政策，政府当局如御史大夫桑弘羊及丞相等官都主张继续专卖，民间都纷纷反对，昭帝时令郡国举贤良文学之士，问以民所疾苦，教化之要。皆对曰，愿罢盐铁榷酤均输官，无与天下争利。于是政府当局以桑弘羊为主和贤良文学互相诘难，词辩云涌，当局几为贤良文学所屈，于是诏罢郡国榷酤关内铁官。宣帝时桓宽推衍其议为《盐铁论》十六篇。又如汉元帝时珠崖郡数反，元帝和当局已议定，发大军征讨，待诏贾捐之上疏独以为当罢郡，不必发军。奏上后，帝以问丞相、御史大夫，丞相以为当罢，御史大夫以为当击，帝卒用捐之议，罢珠崖郡。又如宋代每有大事，必令两制侍从诸臣集议，明代之内阁、六部、都察院、通政司、六科诸臣集议，清代之王大臣会议，虽然与议的人选和资格的限制，各朝不尽相同，但君主不以私见或成见独断国家大政，却是历朝一贯相承的。

封驳制度概括地说，可以分作两部分。汉武帝以前，丞相专决国事，权力极大，在丞相职权以内所应做的事，虽君主也不能任意干涉。武帝以后，丞相名存职废，光武帝委政尚书，政归台阁，魏以中书典机密，六朝则侍中掌禁令，逐渐衍变为隋唐的三省——中书、门下、尚书制度。三省的职权是中书取旨，门下封驳，尚书施行。中书省有中书舍人掌起草命令，中书省在得到君主同意或命令后，就让舍人起草，舍人在接到词头（命令大意）以后，认为不合法的便可以缴还词头，不给起草。在这种局面下，君主就得改换主意。如坚持不改，也还可以第二次、第三次发下，但舍人仍可第二次、第三次退回，除非君主罢免他的职务，否则，还是拒绝起草。著例如宋仁宗时，富弼为中书舍人封还刘从愿妻封遂国夫人词头。门下省有给事中专掌封驳，凡百司奏钞，侍中审定，则先读而署之，以驳正违失；凡制敕宣行，大事覆奏而请施行，小事则署而颁之，其有不便者，涂窜而奏还，谓之涂归。著例是唐李藩迁给事中，制有不便，就制尾批却之，吏惊请联他纸，藩曰，联纸是牒，岂得云批敕耶。这制度规定君主所发命令，得经过两次审查，第一次是中书省专主起草的中书舍人，他认为不合适的可以拒绝起草，舍人把命令草成后，必须经过门下省的审读，审读通过，由给事中签名副署，才行下到尚书省施行。如被封驳，则此事便当作罢论。这是第二次也是最后一次的审查。如两省官都能称职，坚定地执行他们的职权，便可防止君主的过失和政治上的不合法行为。从唐到明这制度始终为政府及君主所尊重，在这个时期内君权不但有限制，而且其限制的形式，也似乎不能为现代法西斯国家所接受。

法有两种，一种是成文法，即历朝所制定的法典；一种是不成文法，即习惯法，普通政治上的相沿传统属之。两者都可以纲纪政事，维持国本，凡是贤明的君主必得遵守。不能以个人的感情来破坏法。即使有特殊情形，也必须先经法的制裁，然后利用君主的特赦权或特权来补救。著例如汉文帝的幸臣邓通，在帝旁有怠慢之礼，丞相申屠嘉因言朝廷之礼不可以不肃，罢朝，坐府中檄召通到丞相府，不来且斩。通求救于帝，帝令诣嘉，免冠顿首徒跣谢。嘉谓小臣戏殿上，大不敬当斩，吏今行斩之，通顿首，首尽出血不解。文帝预料丞相已把他困辱够了，才遣使向丞相说情，说这是我的弄臣，请你特赦他。邓通回去见皇帝，哭着说丞相几杀臣。又如宋太祖时有群臣当迁官，太祖素恶其人不与，宰相赵普坚以为请，太祖怒曰，朕固不为迁官，卿若之何！普曰，刑以惩恶，赏以酬功，古今通道也，且刑赏天下之刑赏，非陛下之刑赏，岂得以喜怒专之。太祖怒甚起，普亦随之，太祖入宫，普立于宫门口，久久不去，太祖卒从之。又如明太祖时定制，凡私茶出境，与关隘不讥者并论死，驸马都尉欧阳伦以贩私茶依法赐死（伦妻安庆公主为马皇后所生）。类似的传统的守法精神，因历代君主的个性和教养不同，或由于自觉，或由于被动，都认为守法是做君主应有的德行，君主如不守法，则政治即失常轨，臣下无所准绳，亡国之祸，跷足可待。

为了使君主不做错事，能够守法，历朝又有台谏制度。一是御史台，主要的职务是纠察官邪，肃正纲纪，但在有的时代，御史亦得言事。谏是谏官，有谏议大夫左右拾遗、补阙及司谏正言等官，分属中书、门下两省（元废门下，谏职并入中书；明废中书，以谏职归给事中兼领）。台谏以直陈主失、尽言直谏为职业。批龙鳞，捋虎须，如沉默不言，便为失职。史记唐太宗爱子吴王恪好畋猎，损居人田苗，侍御史柳范奏弹之。太宗因谓侍臣曰："长史权万纪事吾儿，不能匡正，罪当死。"范进曰："房玄龄事陛下，犹不能谏止畋猎，岂可独坐万纪乎？"又如魏征事太宗，直言无所避。若谏取已受聘女，谏在层观望昭陵，谏怠于受谏，谏作疏前宫，太宗无不曲意听从，肇成贞观之治。宋代言官气焰最盛，大至国家政事，小至君主私事，无不过问。包拯论事仁宗前，说得高兴，唾沫四飞，仁宗回宫告诉妃嫔说，被包拯唾了一面。言官以进言纠箴为尽职，人君以受言改过为美德，这制度对于君主政体的贡献可以说是很大。

两汉以来，政治上又形成了敬天法祖的信条，敬天是适应自然界的规律，在"天人合一"的政治哲学观点上，敬天的所以育人治国。法祖是法祖宗成宪，大抵开国君主的施为，因时制宜，着重在安全秩序下保持和平生活。后世君主，如不能有新的发展，便应该保守祖宗成业，不使失坠。这一信条，从积极方面说，固然是近千年来我民族颓弱落后的主因，但从消极方面说，过去的台谏官却利用以劝告非常态的君主，使其安分，使其不做意外的过举。因为在理论上君主是最高的主宰，只能抬出祖宗，抬出比人君更高的天来教训他，才能措议，说得动听。此类的例子不可胜举，例如某地闹水灾或旱灾，言官便说据五行水是什么，火是什么，其灾之所以成是因为女谒太盛，或土木太侈，或奸臣害政，君主应该积极采取相应的办法斥去女谒，罢营土木，驱诛奸臣，发赈救民。消极的应该避殿、减膳、停乐、素服，下诏引咎求直言以应天变。好在大大小小的灾异，每年各地总有一些，言官总不愁无材料利用，来批评君主和政府，再不然便引用祖宗成宪或教训，某事非祖宗时所曾行，某事则曾行于祖宗时，要求君主之改正或奉行。君主的意志在这信条下，多多少少为天与祖宗所束缚，不敢做逆天或破坏祖宗成宪的事。两千年来只有一个王安石，他敢说"天变不足畏，祖宗不足法，人言不足恤"，除他以外，谁都不敢说这话。

就上文所说，国有大事，君主无适无莫，虚心取决于群议。其命令有中书舍人审核于前，有给事中封驳于后，如不经门下副署，便不能行下尚书省。其所施为必须合于法度，如有违失，又有台谏官以近臣之地位，从中救正，或谏止于事前，或追论于事后。人为之机构以外，又有敬天法祖之观念，天与祖宗同时为君权之约束器。在这样的君主政体下，说是专制，固然不尽然；说是独裁，尤其不对；说是黑暗或苛暴，以政治史上偶然的畸形状态，加上全部历史，尤其不应该。就个人所了解，六百年以前的君权是有限制的，至少在君主不肯受限制的时候，还有忠于这个君主的人敢提出指责，提出批评。近六百年来，时代愈进步，限制君权的办法逐渐被取消，驯至以桀纣之行，文以禹汤文武之言，语训典谟，连篇累牍，"朕即国家"和西史暴君同符。历史的覆辙，是值得读史的人深切注意的。

历史上的政治的向心力和离心力

历史上有若干时代，军权、政权、法权、财权一切大权，始终握于中央政府之手，各级地方政府唯唯听命。中央之于地方，犹躯干之于手足，令出必行；地方之于中央，犹众星之拱北辰，环侍唯谨。例如宋代和明代。

也有若干时代，中叶以后，大权旁落，地方政府自成单位，其强大者更是操纵中枢，形成尾大不掉之势。中枢政令只及于直属的部分，枝强干弱，失去均衡。例如汉末、六朝和唐的后期、清的后期。

前者用科学的术语说，我们称它为政治上的向心力时代；用政治上的术语说，可叫作中央集权时代。后者则是政治上的离心力时代，也可叫作地方分权时代。为避免和现代的政治术语混淆，我们还是用“向心力”和“离心力”这两个名词较为妥当。

要详细说明上举几个不同时代的各方面情形，简直是一部中国政治史，颇有不知从何处说起之苦，并且篇幅也不容许。我们不妨用简笔画的办法，举几个有趣的例子来说明。办法是看那个时代的人愿意在中央做事，还是在地方做事，前者举宋朝作例，后者举唐朝作例。

宋承五代藩镇割据之后，由大分裂而一统。宋太祖采用谋臣赵普的主意，用种种方法收回地方的兵权、政权、法权、财权。中央直属的军队叫禁军，挑选全国最精锐的军人组成，战斗力最强；挑剩的留在地方的叫厢军，全国各地的厢军总数才和禁军的总数相等，以此在质量两方面禁军都超过了厢军。各地方政府的长官也都直接由中央任免。地方的司法和财政也都由中央派专使，提点刑狱公事和转运使直辖。府县的长官大部分都带有在中央服务的职名，任满后仍须回中央供职，到地方做事只算是出差（差遣）。在这一个系统之下，就造成了政治上的向心力。宋代的各级官吏，都以到地方服务为回到中央供职的过程，内外虽迭用，但最后的归结还是台阁临寺以至两地。如地位已到了台阁侍从，则出任州守，便算谴谪。反之由外面内召，能到曹郎，便是美迁。“故仕人以登台阁，升禁从为显宦，而不以官之迟速为荣滞；以差遣要剧为贵途，而不以阶勋爵邑有无为轻重。”一般士大夫大多顾恋京师，轻易不肯离去阙下，叶梦得《避暑录话》下记有一则范纯仁的故事说：

范尧夫每仕京师，早晚两膳，自己至婢妾皆治于家，往往镌削，过为简俭，有不饱者，虽晚登政府亦然。补外则付之外厨，加料几倍，无不厌余。或问其故，曰：“人进退虽在己，然亦未有不累于妻孥者。吾欲使居中则劳且不足，在外则逸而有余，故处吾左右者，朝夕所言，必以外为乐，而无顾恋京师之意，于吾亦一佐也。”

前辈严于出处，每致其意如此，范尧夫是哲宗时的名臣名相，尚且以克削饮食的手段，来节制出处，可见当时一般重内轻外的情形。南渡后半壁江山，政治重心却仍因制度的关系，维护在朝廷，外官纷纷要求京职。《宋会要辑稿·职官九五》六〇之二九记载：

绍兴九年（1139）五月二十三日，殿中侍御史周英言："士大夫无安分效职之心，奔走权势，唯恐不及，职事官半年不迁，往往有滞淹之叹。"

又一〇六《职官》七九之一二记载：

庆元二年（1196）十月十四日，臣僚言，近日监司帅守，到任之后，甫及半考，或几一年，观风问俗，巡历未周，承流宣化，抚字未遍，即致书当路，自述劳绩，干求朝堂，经营召命。

四年八月二十四日，臣僚言，比年以来，州县官吏，奔竞躁进，相师成风，嘱托请求，恬不知耻，贿赂杂沓于往来之市，汗牍旁午于贵要之门，上下玩习，不以为怪。故做县未几，即求荐以图院辖；做伴未几，即求荐以图作；做州未几，即求荐以图特节。既得节矣，复图职名，得职名矣，复图召命。

以上两例，固然是政治的病态，却也可看出这时代向心力的程度。

再就唐代说，安史之乱是一个路标，乱前内重外轻，乱后内轻外重。乱前的府兵属于国家，乱后节镇兵强，中央衰弱。乱前官吏任免由朝廷，乱后地方多自辟僚属，墨版假授。乱前财政统一，乱后财赋有留州留使，仅上供是朝廷的收入。乱前中央官俸厚，地方官俸薄，乱后恰好相反。至于河北、山东割据的藩镇，则索性一切自主，完全和中央无干。乱前士大夫多重内官，轻外职。此种风气，唐初已极显著，贞观十一年（637）马周上疏即提到这个问题，他说：

今朝廷独重内官，刺史县令，颇轻其选。刺史多是武夫勋人，或京官不称职始外出，边远之处，用人更轻，所以百姓未安，殆由于此。

长安四年（704）李峤也上疏说：

安人之方，须择刺史，窃见朝廷物议，莫不重内官，轻外职，每除牧伯，皆再三披诉。比来所遣外任，多是贬累之人，风俗不澄，实由于此。

神龙元年（705）赵冬曦也说：

今京职之不称者，乃左为外任；大邑之负累者，乃降为小邑；近官之不能者，乃迁为远官。

直至开元九年（721）源乾曜还说：

臣窃见势要之家，并求京职；俊义之士，出任外官。王道均平，不合如此。

这种畸轻畸重的形势，深为当时有识的政治家所忧虑，唐太宗以此自简刺史，令五品以上京官举县令一人。武后时以台阁近臣分典大州，中宗时特敕内外官吏更用，玄宗时源乾曜请出近臣子弟为外官，都想矫正这种弊端。不过全无用处，外官之望京职，有如登仙。《新唐书·倪若水传》记载：

开元初为中书舍人，尚书右丞，出为汴州刺史……时天下久平，朝廷尊荣，人皆重内任，虽自冗官擢方面，皆自谓下迁。班景倩自扬州采访使入为大理少卿，过州，若水饯于郊，顾左右曰："班公是行若登仙，吾恨不得为驺仆！"

等到"渔阳鼙鼓动地来"，胡笳一声，立刻把这一种向心力转为相反的离心力。《新唐书·李泌传》说：

贞元三年（787）……时州刺史月俸至千缗，方镇所取无艺，而京官禄寡薄。自方镇入至八座，至谓罢权。薛邕由左丞贬歙州刺史，家人恨降之晚。崔祐甫任吏部员外，求为洪州别驾。使府宾，佐有所忤者，荐为郎官，其迁台阁者，皆以不赴取罪去。泌以为外太重，内太轻，乃请随官闲剧，倍增其俸，时以为宜。而窦参多沮其事，不能悉如所请。

元和时（806—820）李鄘为淮南节度使，内召做相，至祖道泣下，固辞不就。《新唐书》本传记载：

吐突承璀数称荐之，召拜门下侍郎同中书门下平章事。鄘不喜由宦幸进，及出，祖乐作，泣下谓诸将曰："吾老安外镇，宰相岂吾任乎？"至京师，不肯视事，引疾固辞。

这情形恰好是乱前与乱后绝妙的对照。士大夫都营求外任，不肯赴阙，人才分散在地方，政府无才可用，末期至用朱朴、郑綮做相，"履霜坚冰至"，其由来也渐矣。

明代政治组织较前代进步，内阁决大政，六部主庶务，都督府司兵籍，都察院司弹劾监察，官无虚设，职与事符。并且卫军全属于国家，地方无私兵。地方政府的组织也较前代简单而严密，严格说只有府、县两级，均直属中央。原来的三司（布政使司、按察使司、都指挥使司）皆带使名，以中央官外任，后来增设巡抚，也是以中央大员出巡。总督主两省以上的军务，事定即罢。士大夫以内召为宠命。诏书一下，全国上下奉行唯谨。清代因承明制，却有一部分没有学到家，总督军务成为地方常设的经制的疆吏，权限过大、过重，前期国势强盛，尚可以一纸命令节制调动。中叶以后，八旗军力衰弱，代以绿营，洪杨乱起，绿营不能用，复代以练勇。事定后，各省疆吏拥兵自重，内中淮军衍变为北洋系，犹自成一系统。潜在的势力可以影响国政，义和团乱起，南方各省疆吏竟成联省自立的局面。中央政令不行，地方形同割据。革命起后，北洋系的军人相继当国，形成十六年割据混战的局面。在这期间内，政治上的离心力大过向心力，一般知识分子多服务于地方，人才分散。我们回顾这两千年的专制政治，无论向心或者离心，都是以独夫之心，操纵数万万人之事。而历朝皇帝，都生怕天下把得不稳，于是大量引用戚族，举全国人的血汗，供一家之荣华富贵，荒淫奢侈。自今而后，我们需要向心，我们更需要统一，但我们必须向心于一个民主的政权，我们必须统一于一个民主的政府之下。

治人与法治

历史上的政治家经常提到的一句话是："有治人，无治法。"意思是徒法不足以为治，有能运用治法的治人，其法然后足以为治。法的本身是机械的，是不能发挥作用的，譬如一片沃土，辽阔广漠，虽然土壤十分宜于种植，气候也合宜，假如不加以人力，这片地还是不能发挥生产作用。假如利用这片土地的人不是一个道地有经验的农人，不是一个种植专家，而是一个赌徒，是一个游手好闲的纨绔子弟，一曝十寒，这片土地也是不会有好收成的。反之，这块好地如能属于一个勤恳精明的老农，有人力，有计划，应天时，顺地利，耕耨以时，水旱有备，丰收自然不成问题。这句话不能说没有道理，就历史的例证看，有治人之世是太平盛世，无治人之世是衰世、乱世。因之，有些人就以之为口实，主张法治不如人治。

反之，也有人主张："有治法，无治人。"法是鉴往失，顺人情，集古圣先贤遗教，全国聪明才智之士的精力，穷研极讨所制成的。法度举，纪纲立，有贤德的领袖固然可以用法而求治，相得益彰，即使中才之主，也还可以守法而无过举。环境不变的时候，法有永久性；假定环境改变了，法也有伸缩性，前王后王不相因，变法以合时宜所以成后王之治，法之真精神、真作用即在其能变。所谓变是因时以变，而不是因人以变。至于治人则间世不多得，有治人固然能使世治，但是治人未必能有治人相继，尧舜都是治人，其子丹朱、商均却都不肖，晋武帝、宋文帝都是中等的君主，晋惠帝却是个低能儿，元凶刘劭则禽兽之不若。假使纯以人治，无大法可守，寄国家民族的命运于不肖子、低能儿、枭獍之手，其危险不问可知，以此，这派人主张法治，以法纲纪国家，全国人都应该守法，君主也不能例外。

就人治论者和法治论者所持论点而论，两者都有其颠扑不破的理由，也都有其论据上的弱点。问题是人治论者的治人从何产生，在世业的社会组织下，农之子恒为农。父兄之教诲，邻里之启发，日兹月兹，习与性成，自然而然会成为一个好农人，继承父兄遗业，纵然不能光大，至少可以保持勿失。治人却不同了，子弟长于深宫，习于左右，养尊处优，不辨菽麦，不知人生疾苦，和现实社会完全隔绝。中才以上的还肯就学，修身砥砺，有一点儿教养，却无缘实习政事，一旦登极执政，不知典故，不识是非，任喜怒爱憎，用左右近习，上世的治业由之而衰，幸而再传数传，一代不如一代，终致家破国灭，遗讥史册。中才以下的更不用说了，溺于邪侈，移于嬖幸，骄悍性成，暴恣自喜，肇成祸乱，身死国危，史例之多，不可胜举。治人不世出，治人之子不必贤，而治人之子却依法非治国不可，这是君主世袭制度所造成的人治论者的致命打击。法治论者的缺点和人治论者一样，以法为治固然是天经地义，问题是如何使君主守法，过去的儒家、法家都曾费尽心力，用天变来警告，用人言来约束，用谏官来谏诤，用祖宗成宪来劝导。

可是这些方法只能诱引中才以上的君主，使之守法；对那些庸愚刚愎的下才，就无能为力了。法无废君之条，历史上偶尔有一两个例子，如伊尹放太甲、霍光废昌邑，都是不世出的惊人举动，为后来人所敢效法。君主必须世袭，而世袭的君主不必能守法，虽有法而不能守，有法等于无法，法治论者到此也技穷而无所措手足了。

这两派所持论点的弱点到这世纪算是解决了，解决的枢纽是君主世袭制度的废除。就人治论者说，只要有这片地，就可以找出一个最合于开发这片地的条件的治人，办法是选举。选出的人干了几年无成绩或成绩不好，换了再选一个。治人之后必选治人相继，选举治人的全权操在这片地的全数主人手上。法治论者的困难也解决了，由全数主人建立一个治国大法，然后再选出能守法的治人，使之依法管理，这被选人如不守法，可由全数主人的公意撤换，另选一个能守法的继任，以人治，亦以法治，治人受治于法，治法运用于治人，由治法而有治人，由治人而例行法治，人治论者和法治论者到此合流了，历史上的争辩亦解决了。

就历史而论，具有现代意义的治法的成文法，加于全国国民的有各朝的法典，法意因时代而不同，其尤著者有唐律和明律。加于治国者虽无明文规定，却有习俗相沿的两句话："国以民为本，民以食为天。"现代的宪法是被治者加于治国者的约束，这两句话也正是过去国民加于治国者的约束。用这两句话作为尺度，衡量历史上的治国者，凡是遵守约束的一定是治人，是治世；反之是乱人，是乱世。这两句话是治法，能守治法的是治人。治人以这治法为原则，一切施政，以民为本，裕民以足食为本，治民以安民为本，事业以国民的利害定取舍从违，因民之欲而欲之，因民之恶而恶之，这政府自然为人民所拥戴爱护，国运也自然炽盛隆昌。

历史上的治人试举四人为例说明，第一个是汉文帝，第二个是魏太武帝，第三个是唐太宗，第四个是宋太祖。

汉文帝之所以为治人，是他能守法和爱民。薄昭是薄太后弟，文帝亲舅，封侯为将军，犯法当死，文帝绝不以至亲曲宥，流涕赐死，虽然在理论上他是有特赦权的。邓通是文帝的弄臣，极为宠幸，丞相申屠嘉以通小臣戏殿上大不敬，召通诘责，通叩头流血不解，文帝至遣使谢丞相，并不因幸臣被屈辱而有所偏护。至于对人民的爱护，更是无微不至，劝农桑，敦孝悌，恭俭节用，与民休息，达到了海内殷富、刑罚不用的境界。

魏太武帝信任古弼，古弼为人忠慎质直，有一次为了国事见太武帝面奏，太武帝正和一贵官围棋，没有理会。古弼等得不耐烦，大怒起捽贵官头，掣下床，搏其耳，殴其背，数说“朝廷不治，都是你的罪过”，太武帝失容赶紧说：“都是我的过错，和他无干。”忙谈正事，古弼请求把太宽的苑囿，分大半给贫民耕种，太武帝也满口答应。几月后太武帝出去打猎，古弼留守，奉命把肥马当作猎骑，古弼给的全是瘦马，太武帝大怒说：“笔头奴敢克扣我，回去先杀他（古弼头尖，太武帝形容为笔头）。”古弼却对官属说：“打猎不是正经事，我不能谏止，罪小。军国有危险，没有准备，罪大。敌人近在塞外，南朝的实力也很强，好马应该供军，弱马供猎，这是为国家打算，死了也值得。”太武帝听了，叹息说：“有臣如此，国之宝也。”过了几日，又去打猎，得了几千头麋鹿，兴高采烈，派人叫古弼征发五百乘民车来运，使人走后，太武帝想了想，吩咐左右曰：“算了吧，笔公一定不肯，还是自己用马运吧。”走到半路，古弼的信也来了，说正在收获，农忙，迟一天收，野兽鸟雀风雨侵耗，损失很大。太武帝说：“果不出我所料，笔公真是社稷之臣。他不但为民守法，也为国执法，以为法是应该上下共守，不可变易，明于刑赏，赏不遗贱，刑不避亲。大臣犯法，无所宽假，节俭清素，不私亲戚，替国家奠定下富强的基础。”

唐太宗以武勇定天下，治国却用文治。内举不避亲，外举不避仇。长孙无忌是后兄，王珪、魏征都是仇敌，却全是人才，一例登用，无所偏徇顾忌，忧国爱民，至公守法。唐史记：“上以选人多诈冒资荫，敕令自首，不首者死。未几有诈冒事觉者，上欲杀之，大理少卿戴胄奏据法应流，上怒曰：‘卿欲守法而使朕失信。’对曰：‘敕者出于一时喜怒，法者国家所以布大信于天下也。陛下忿选人之多诈，故欲杀之，而即知其不可，复断之以法，此乃忍小忿而全大信也。’上曰：‘卿能执法，朕复何忧。’”又有：“安州都督吴王恪数出畋猎，颇损居人，侍御史柳范奏弹之，恪坐免官，削户三百。上曰：‘长史权万纪事吾儿，不能匡正，罪当死。’柳范曰：‘房玄龄事陛下，犹不能谏止畋猎，岂可独坐万纪乎？’上大怒，拂衣而入。久之，独引范谓曰：‘何面折我！’对曰：‘陛下仁明，臣敢不尽愚直。’上悦。”前一事他能捐一时之喜怒，听法官执法。

后一事爱子犯法，也依法削户免官，且能容忍侍臣的当面折辱。法平国治，贞观之盛的基础就建立在守法这一点上。

宋太祖出身于军伍，也崇尚法治，宋史记：“有群臣当迁官，太祖素恶其人不与，宰相赵普坚以为请，太祖怒曰：‘朕固不为迁官，卿若如何？’普曰：‘刑以惩恶，赏以酬功，古今通道也。且刑赏天下之刑赏，非陛下之刑赏，岂得以喜怒专之！’太祖怒甚起，普亦随之，太祖入宫，普立于宫门口，久之不去，太祖卒从之。”皇后弟杀人犯法，依法处刑，绝不宽宥，群臣犯赃，诛杀无赦。

从上引四个伟大的治人的例子，说明了治人之所以使国治，是遵绳于以民为本的治法；治法之所以为治，是在治人之尊重与力行。治人无常而治法有常。治人或不能守法，即有治法的代表者执法以使其就范，贵为帝王，亲为帝子，元舅后弟，宠幸近习，在尊严的治法之下，都必须奉法守法，行法从上始，风行草偃，在下的国民自然兢兢业业，政简刑清，移风易俗，臻于至治了。

就历史的教训以论今日，我们不但要有治法，尤其要有治人。治人在历史上固不世出，在民主政治的选择下，却可以世出继出。治人之养成，选出、罢免诸权之如何运用，是求治的先决条件。使有治法而无治人，等于无法；有治人而无治法，无适应时宜的治法，也是缘木求鱼，国终不治。

治人与治法的合一，一言以蔽之，曰：实行民主政治。

论皇权

谁在治天下

在论社会结构里所指的皇权，照我的理解应该是治权。历史上的治权不是由于人民的同意委托，而是由于凭借武力的搜取、独占，也许我所用的“历史”两个字有语病，率直一点儿说，应该修正为“今天以前”。我的意思是说，在今天以前，任何朝代任何形式的治权，都是片面形成的，绝对没有经过人民的任何形式的同意。

假如把治权的形式分期来说明，秦以前是贵族专政，秦以后是皇帝独裁，最近几十年是军阀独裁。“皇权”这一名词的应用，限于第二时期，时间的意义是从公元前 221 年到公元 1911 年，有两千一百多年的历史。

皇权是今天以前治权形式的一种，统治人民的时间最长，所加于人民的祸害最久，阻碍社会进展的影响最大，离今天最近，因之，在现实社会里，自觉的或不自觉的毒素中得也最深。例子多得很，袁世凯不是在临死以前，还要过八十三天的皇帝瘾吗？溥仪不是在逊位之后，还在宫中做他的皇帝，后来又跑到东北，在日本卵翼之下，建立伪满洲国，做了几年康德皇帝吗？

在封建的宗法制度下，无论是贵族专政，还是皇帝独裁，或是军阀独裁，都是以家族做单位来统治，以血统的关系来决定继承的原则。一家的家长（宗主）是统治权的代表人，这一家族的荣辱升沉、废兴成败，一切的命运决定于这一个代表人的成败。在隋代有一个笑话，说是某地的一个地主，想做皇帝，招兵买马，穿了龙袍，占了一两个城市，战败被俘，在临刑时，监斩官问他："你父亲呢？"他回答说："太上皇蒙尘在外。"监斩官问："兄弟呢？"他回答说："征东将军死于乱军之中，征西将军不知下落。"他的老婆在旁骂："都是这张嘴，闹到如此下场！"他说："皇后，崩即崩耳，世上岂有万年天子？"说完伸脖子挨刀，倒也慷慨。这一个历史故事指出为了做几天、做一两个城市的皇帝，有人愿意付出一家子生命的代价。为了这一家子的皇权迷恋，又不知道有几百千家被毁灭、屠杀。

"成则为王，败则为寇。"流氓刘邦、强盗朱温、流氓兼强盗的朱元璋，做了皇帝，建立皇朝以后，史书上不都是太祖高皇帝吗？谥法不都有圣神文武、钦明启运、俊德成功，或者类似的极人类好德行的字眼儿吗？黄巢、李自成呢？失败了，是盗、是贼、是匪、是寇，尽管他们也做过皇帝。旧史家是势利的。不过也说明了一点，在旧史家的传统概念里，军事的成败决定皇权的兴废，这一点是无可置疑的。

皇帝执行片面的治权，他代表着家族的利益，但是，并不代表家族执行统治。换言之，这个治权，不但就被治者说是片面强制的，即就治者集团说，也是独占的、片面的。即使是皇后、皇太子、皇兄皇弟，甚至太上皇、太上皇后，就对皇帝的政治地位而论，都是臣民，对于如何统治是不许提出意见的；一句话，在家庭里，皇帝也是独裁者。正面的例子，如刘邦做了皇帝，他老太爷依然是平民，叨了人的教，让刘邦想起，才尊为太上皇，除了过舒服日子以外，什么事也管不着。反面的例子，石虎的几个儿子过问政事，一个个被石虎所杀。李唐创业是李世民的功劳，虽然捧他父亲李渊做了些年皇帝，末了还是来一手逼宫，杀兄屠弟，硬把老头子挤下宝座。又如武则天要做皇帝，杀儿子、杀本家，一点儿也不容情。宋朝的基业是赵匡胤打的，兄弟赵匡义也有功劳，赵匡胤做皇帝年代太久了，“烛影斧声”，赵匡义以弟继兄。后来赵匡胤的长子德昭，在北征后请皇帝行赏，也只是一个建议而已，匡义大怒说：“等你做皇帝，爱怎么办就怎么办！”一句话逼得德昭只好自杀。从这些例子，可以充分说明皇权的独占性和片面性。权力的占有欲超越了家庭的感情，造成了无数骨肉相残的史例。

皇帝不和他的家人共治天下，那么，到底和谁共治呢？有一个著名的故事，可以答复这个问题，和皇帝治天下的是士大夫。故事的出处是宋李焘《续〈资治通鉴〉长编》卷二二一：

熙宁四年（1071）三月戊子，上召二府对资政殿，文彦博言：“祖宗法制具在，不须更张，以失人心。”上曰：“更张法制，于士大夫诚多不悦，然于百姓何所不便？”彦博曰：“为与士大夫治天下，非与百姓治天下也。”上曰：“士大夫岂尽以更张为非，亦自有以为当更张者。”

这故事的意义在于——第一，辩论的两方都同意，皇权的运用是与士大夫治天下，非与百姓治天下。第二，文彦博所说的失人心，宋神宗承认是于士大夫诚多不悦，人心指的是士大夫的心。第三，文彦博再逼紧了，宋神宗就说士大夫也有赞成新法的，不是全体反对。总之，尽管双方对于如何巩固皇权——即保守地继承传统制度或改革地采用新政策的方案有所歧异，但是，对于皇权是与士大夫治天下，皇权所代表的是士大夫的利益，绝非百姓的利益，这一基本的看法是完全一致的。

那么，为什么皇帝不与家人治天下，反而与无血统关系的外姓人士大夫治天下呢？理由是，家人即使是父子、兄弟、夫妇，假如与皇帝治天下，会危害到皇权的独占性、片面性，“太阿倒持”是万万不可的。其次，士大夫是帮闲的一群，是食客，他们的利害和皇权是一致的，生杀予夺之权在皇帝之手，做耳目，做鹰犬，六辔在握，驱使自如，士大夫愿为皇权所用，又为什么不用？而且，可以马上得天下，不能以马上治天下，马上政府是不存在的。治天下得用官僚，官僚非士大夫不可，这道理不是极为明白吗？

士大夫治天下也就是社会结构里的绅权，这问题留在论绅权时再说。

皇权有约束吗

皇权有没有被约束呢？费孝通先生说有两道防线：一道是无为政治，使皇权有权而无能。一道是绅权的缓冲，在限制皇权，使民间的愿望能自下上达的作用上，绅权有它的重要性（这道防线不但不普遍，而且不常是有效的）。于此，我们来讨论费孝通先生所指的第一道防线。

假如费先生所指的无为政治的意义，即是上文所引的文彦博的话："祖宗法制具在，不须更张。"因承祖先的办法，不求有利，但求无弊，保守传统的政治原则，我是可以同意的。或者如另一例子，《汉书·曹参传》说他从盖公学黄老治术，相齐九年，大称贤相，萧何死，代为相国，一切事务，无所变更，都照萧何的老办法做，择郡国吏谨厚长者做丞相史，有人劝他做事，就请其喝酒，醉了完事。汉惠帝怪他不治事，他就问："你可比你父亲强？"汉惠帝说："差多了。"曹参问："那么，我跟萧何呢？"汉惠帝说："也似乎不如。"曹参说："好了。既然他俩都比我俩强，他俩定的法度，你，垂拱而治，少管闲事；我，照老规矩做，不是很好吗？"这是无为政治典型的著例。这种思想，一直到十七世纪前期，像刘宗周、黄道周一类的言僚学者，还时时以"法祖"这一名词，来劝主子恪遵祖制。假如无为政治的定义是法祖，我也可以同意的。

问题在于无为政治并不是使皇帝有权而无能的防线。相反，无为政治在官僚方面说，是官僚做官的护身符，不求有功，但求无过，好官我自为之，民生利弊与我何干？因循、敷衍、颟顸、不负责任等官僚作风，都从这一思想出发。一句话，无为政治即保守政治，农村社会的保守性、惰性反映到现实政治，加上美丽的外衣，就是无为政治了（关于这一点，无为政治和农业的关系，我在另一文章《农业与政治》上谈到）。

从皇帝方面说，历史上的政治术语是法祖。法祖的史例很多，一类如宋代的不杀士大夫，据说宋太祖立下遗嘱"不杀士大夫"。从太祖以后，大臣废逐，最重的是过岭，即谪戍到岭南去。没有像汉朝那样朝冠朝衣赴市，说杀就杀，不是下狱，就是强迫自裁。甚至如明代的夏言正刑西市。为什么宋代特别优礼士大夫呢？因为宋代皇帝是"与士大夫治天下"。一类例如明代的东厂、西厂和锦衣卫：两个恐怖的特务机构，卫是明太祖创设的，厂则从明成祖开头，这两个机构作的孽太多了，配说祸国殃民（这个"国"严格的译文是皇权），反对的人很多，当然以士大夫为主体，因为士大夫也和平民一样，在厂卫的淫威之下战栗、恐惧。可是在祖制的大帽子下，这两个机构始终废除不掉。到明代中期，士大夫们不得已而求其次，用祖制来打祖制，说是祖制提人（逮捕）必须有驾帖或精微批文（逮捕状），如今厂卫任意捉人，闹得人人自危，要求恢复祖制，提人得凭驾帖；这样，两个祖制打了架，士大夫们在逻辑上已经放弃原来的立场，默认特务可以逮捕官民，只不过要有逮捕状罢了。前一例因为与士大夫治天下，所以优礼士大夫，政治上失宠、失势的不下狱、不杀头，只是放逐到气候风土特别坏的地方，让他死在那里（宋代大臣过岭生还的是例外），从而争取士大夫的支持。后一例子，时代不同了，士大夫不再是伙计，而是奴才，要骂就骂，要打就打，廷杖、站笼、抽筋剥皮，诸般酷刑，应有尽有，明杀暗杀，情况不同，一落特务之手，绝无昭雪之望，祖制反而成为残杀士大夫的工具了。

从这类例子来看，无为政治——法祖并不是使皇权有权而无能的防线。

从另一方面看，祖先的办法、史例，有适合于提高或巩固皇权的，历代的皇帝往往以祖制的口实接受运用。反之，只要他愿意做什么，就不必管什么祖宗不祖宗了。例如要加收田赋，要打内战，要侵略边境弱小民族，要盖宫殿等，一道诏书就行了。如像明武宗要南巡，士大夫们说不行，祖宗没有到南边去玩过，不听，集体请愿，大哭大闹，明武宗发了火，叫都跪在宫外，再一顿板子，死的死，伤的伤，无为政治不灵了，年轻皇帝还是到南边去大玩了一趟。

那么，除祖宗以外，有没有其他的制度或办法来约束或防止皇权的滥用呢？我过去曾经指出：第一是有敬天的观念，皇帝在理论上是天子，人世上没有比他再富于威权的人，他做的事不会错，能指出他错的只有比他更高的上帝。上帝怎么来约束他的儿子呢？用天变来警告，例如日食、山崩、海啸，以及风、水、火灾、疫疠之类都是。从洪范发展到诸史的五行志，从董仲舒的学说发展到刘向的灾异论，天人合一，天灾和人事相适应，士大夫们就利用这个作为政治失态的警告。但是，这着棋是不灵的，天变由你变之，坏事还是要做，历史上虽然有在天变时，做皇帝的有易服、避殿、素食、放囚，以至求直言的诸多记载，也只是宗教和政治合一的仪式而已，对实际政治是不能发生改变的。

第二是议的制度，有人以为两汉以来，国有大事，由群臣集议，博士、儒生都可发表和政府当局相反的意见，以至明代的九卿集议，清代的王大臣集议，是庶政公之舆论，是皇权的约束。其实，并不如此。第一，参加集议的都是官僚，都是士大夫。第二，官高的发言的力量愈大。第三，集议的正反结论，最后还是取决于皇帝个人。第四，议只是皇权逃避责任的一种制度，例如清代雍正帝要杀他的兄弟，怕人说闲话，提出罪状叫王大臣集议，目的达到了，杀兄弟的道德责任由王大臣集议而减轻。由此，与其说这制度是约束皇权的，毋宁说它是巩固皇权的工具。

此外，如隋唐以来的门下封驳制度、台谏制度，在官僚机构里，用官僚代表对皇帝诏令的同意副署，来完成防止皇权滥用的现象，一切皇帝的命令都必须经过中书起草，门下审核封驳，尚书施行的连锁行政制度，只存在于政治理论上，存在于个别事例上。所谓“不经凤阁鸾台，何谓为敕？”诏令不经过中书门下，不发生法律效力。可是，说这话的人，指斥这手令（墨敕斜封）政治的人，就被这个手令所杀死，不正是对这个制度的现实讽刺吗？又如谏官，职务是对人主谏诤过举，听不听是绝无保证的，传说中龙逢比干谏而死，是不受谏的例，史书上的魏征、包拯直言进谏，英明的君主如唐太宗、宋仁宗明白谏官的用意是为他好，有受谏的美名，其实，不受谏的史例更多。谏诤的目的在于维护政权的持续，说是忠君爱主，其实也就是爱自己的官位和财产，因为假如这个皇权垮了，他们这一集团的士大夫也必然同归于尽也。

从上文的说明可知，皇权的防线是不存在的。虽然在理论上、在制度上，曾经有过一套以巩固皇权为目的的约束办法，但是，都没有绝对的约束力量。

假如从另一角度来看，上文所说的这些，也许正是费孝通先生所说的绅权的缓冲。不同的是，我所指的这些并不代表民间的愿望，至多只能说是士大夫的愿望，其方向也不是由下而上的，而是皇权运用的一面。这些约束不但不普遍，而且是常常无效的。

论绅权

“绅权固当务之急矣！”

前几天，读到胡绳先生的《梁启超及其保皇党思想》（《读书与出版》第三卷第三期）。他指出，梁启超是主张“兴绅权”的人，以兴绅权为兴民权的前提：

受“甲午之战”失败的刺激，又受“维新运动”宣传的影响，湖南省出现了一批新的绅士，他们企图以一省为单位实行一些新政，达到省自治的目的，以便在全国危亡时，一省还可自保。这样的想法在当时各省的绅士门阀中都有，不过在湖南，因地方长官同情卵翼这些想法，所以特别发达。梁启超入湘后，除办时务学堂外，又和当地绅士合组南学会。康有为这时仍全神贯注于向皇帝上书，而梁启超则展开了在湖南绅士中的工作。他甚至鼓吹“民权”，但他说的却是：“欲兴民权，宜先兴绅权；欲兴绅权，宜以学会为之起点。”又说：“绅权固当务之急矣，然他日办一切事舍官莫属也。即今日欲开民智，开绅智，欲假手于官力者尚不知凡几也。”（《上陈宝箴书》）由此可见，他的想法是在官僚的支持下建立地方绅士的权力，这就是他的“民权”思想。

这一段话不但理清出五十年前梁启超的绅权论，也指出五十年前一般绅士对救亡维新的看法。其要在“欲兴民权，宜先兴绅权（开绅智）；欲兴绅权，宜以学会为之起点”。结论是学会为兴民权之起点的起点，而办这些事，欲假手于官力者不知凡几也。

梁启超先生本人是当时的绅士，他看绅权和民权是两件事，绅权和官权则是一件事，无论就历史的或现实的意义说，都是正确的。

五十年前的保皇党，五十年后的自由主义者，何其相似到这步田地？历史是不会重演的，绅权也无从兴起，即使有更多的“援”，更多的“货”，也还是不相干！

“为与士大夫治天下”

官僚、士大夫、绅士，是异名同体的政治产物，士大夫是综合名词，包括官僚、绅士两专名。官僚、绅士必然是士大夫，士大夫可以指官僚，也可以指绅士。官僚是士大夫在官时候的称呼，而绅士则是官僚离职、退休、居乡（当然居城也可以），以至未任官以前的称呼。例如梁启超以举人身份，办学堂、办报、办学会，非官非民，可以做官，或将要做官。而且，已经脱离了平民身份，经常和官府来往，可以和官府合作。

绅士的身份是可变的，有尚未做官的绅士，有做过多年官的绅士，也有做过了官的绅士，免职退休，不甘寂寞，再去做官的。做过大官的是大绅士，做过小官的是小绅士，小官可以爬到大官，小绅士也有希望升成大绅士，自己即使官运不亨，还可指望下一代。不但官官相护，官绅也相护，不只因为是自己人，还有更复杂的体己利害关系。譬如绅士的父兄亲党在朝当权，即使不是权臣而是御史之类有弹劾权的官。更糟的是居乡的宰相公子公孙，甚至老太爷、老岳丈，一纸八行，可以摘掉地方官的印把子，这类人不一定做过官，甚至不一定中过举，一样是大绅士。至于秀才、举人、进士之类，眼前虽未做官，可是前程远大，十年八年内难保不做巡方御史，以至顶头上司，地方官是绝不敢怠慢的。《儒林外史》中范进中举后的情形，便是绝好的例子。

以此，与其说，绅士和地方官合作，不如说地方官得和绅士合作。在通常的情况下，地方官到任以后的第一件事，是拜访绅士，联欢绅士，要求地方绅士的支持。历史上有许多例子指出，地方官巴结不好绅士，往往被绅士们合伙告掉，或者经由同乡京官用弹劾的方式把他罢免或调职。

官僚是和绅士共治地方的。绅权由官权的合作而相得益彰。

贪污是官僚的第一德行，官僚要如愿地发扬这德行，其起点为与绅士分润，地方自治事业如善堂、积谷、修路、造桥、兴学之类有利可图的，照例由绅士担任；属于非常事务的，如办乡团、救灾、赈饥、丈量土地、举办捐税一类，也非由绅士领导不可，负担归之平民，利益官绅合得。两皆欢喜，离任时的万民伞是可以预约的。

上面所说的地方自治事业，和现代所谓“自治”意义不同，不容混为一谈。而且，这类事业名义上是为百姓造福，实质上是为官僚、绅士聚财，假使确曾有一丝丝利及平民的话，那也只是漏出来的涓滴而已。现代许多管税收的衙门墙上四个大字“涓滴归公”，正确的解释是只有一涓一滴归公，正和这个情形一样。

往上更推一层，绅士也和皇权共治天下。

绅权和皇权的关系，即士大夫的政治地位在历史上的变化，大体上可以分三个时期，第一时期从秦到唐，第二时期从五代到宋，第三时期从元到清。当然这只是大概的划分，并不包含绝对的年代意义。

具体地先从君臣的礼貌来说吧，在宋以前，有三公坐而论道的说法，贾谊和汉文帝谈话，不觉膝之前席，可见都是坐着的。唐初的裴监甚至和高祖共坐御榻，十八学士在唐太宗面前也都还有坐处。可是到宋朝，便不然了，从太祖以后，大臣在皇帝面前无坐处，一坐群站，三公群卿立而论政了。到明清，不但不许坐，站着都不行，得跪着奏事了，清朝大官上朝得穿特制的护膝，怕跪久了吃不消。由坐而站、而跪，说明了三个时期君臣的关系，也说明了绅权的逐步衰落和皇权的节节提高。

从形式再说到本质。

前一时期的典型例子是魏晋六朝的门阀制度。

汉代的若干世宦家族，如关西杨氏、汝南袁氏之类，四世三公，门生故吏遍天下，庄园遍布州县，奴仆数以千计，有雄厚的经济基础。在黄巾动乱时代，地方豪族如孙策、马超、许褚、张辽、曹操之类，为了保持土地和特殊权益，组织地主军队保卫乡里，造成力量，有部曲，有防区，小军阀投靠大军阀，三个大军阀三分天下，这两类家族也就占据高位，变成高级官僚了。大军阀做了皇帝，这些家族原是共建皇业的，利害共同，在九品中正的选举制度下，“上品无寒门，下品无势族”，大官位为这些家族所独占。东晋南渡，司马家和王、谢等家到了建康，东吴的旧族顾、陆、朱、张诸家虽然是本地高门，因为是亡国之余，就吃了亏，在政治地位上屈居第二等。这些高门世执国政，王、谢子弟更平步以至公卿，到刘裕以田舍翁称帝，陈霸先更是寒人，在世族眼里，皇家只是暴发户，朝代尽管改换，好官我自为之。士大夫集团有其传统的政治、社会、经济以至文化地位，非皇权所能增损，绅权虽然在侍候皇权——因为皇帝有军队——目的在于以皇权来发展绅权，支持绅权。经隋代两帝的有意摧残，取消九品中正制，取消长官辟举僚属的办法，并设进士科，用公开的考试制度，以文字来代替血统任官，但是，文字教育还是要钱买的，大家族有优越的经济地位、人事关系，唐朝三百年的宰相，还是被二十个左右的家族包办。

门阀制度下的绅权有历史的传统，有庄园的经济基础，有包办选举的工具，甚至有依门第高下任官的制度，有依族姓高下缔婚的风气，高门华阀成为一个利害共同的集团。并且，公卿子弟熟习典章制度，治国（办例行公事）也非他们不可。在这情形下，绅权是和皇权共存的，只有两方合作才能两利。而且，皇帝人人可做，只要有军力便行。士大夫却不然，寒人门役要成为士大夫，等于骆驼穿针孔，即使有皇帝手令帮忙，也办不到。何事非君，绅权可以侍候任何一姓的皇权，一个拥有大军的军阀，如得不到士大夫的支持，却做不了皇帝。

考试制度代替了门阀制度，真正发挥作用是10世纪的事。

经过甘露之祸、白马之祸，多数的著名家族被屠杀。经过长期的军阀混战，五代乱离，幸存的士族失去了庄园，流徙各地，到唐庄宗做皇帝，要选懂朝廷典故的旧族子弟做宰相都很不容易了。宋太祖太宗只好扩大进士科名额（唐代每科平均不过三十人，宋代多至千人）。用进士来治国，名额宽，考取容易，平民出身的进士在数量上压倒了残存的世族。进士一发榜即授官，进士出身的官僚绅士和皇权的关系是伙计和掌柜，掌柜要买卖做得好，得靠伙计卖劲，宋朝家法优礼士大夫，文彦博说为与士大夫共治天下，正是这个道理。

和前一时期不同的，前期的世族子弟有了庄园，才能中进士、做官，再去扩大庄园。这时期呢，做了官再置庄园，名臣范仲淹置苏州义庄，派儿子讨租，讨得几船谷子便是好例子。

更应该注意的是印刷术发明了，得书比较容易，书籍的流通比较普遍，知识也比较不为少数家族所囤积独占，平民参加考试的机会增加了；"遗金满籝，不如教子一经"，念书，考进士，做官，发财，"万般皆下品，唯有读书高""天子重英豪，文章教尔曹"，政府的提倡，社会的鼓励，做官做绅士得从科举出身，竭一生的聪明才智去适应科举，"天下英雄入我彀中"，皇权永固，官爵恩泽，出于皇帝，士大夫不能不为皇帝所用，共存谈不上，共治也将就一下了。皇家是士大夫的衣食饭碗，非用全力支持不可，士大夫是皇家的管家干事，俸禄从优，有福同享，君臣间的距离不太近，也不太远，掌柜和伙计间的恩意是密切照顾到的。

从共存到共治已经江河日下了。元、明、清三代连共治也说不上，从合伙到做伙计，猛然一跌，跌作卖身的奴隶，绅权成为皇权的奴役了。

蒙古皇朝以马上得天下，也以马上治天下，军中将帅就是朝廷的官僚，军法施于朝堂，朝官一有过错，一顿棍子、板子、鞭子，挨不了就被打死，侥幸活着照样做官。明太祖革了元朝的命，学会了这一套，殿廷杖责臣僚，叫作“廷杖”，在历史上大大有名。光打还不够，现任官有镣足办事的，有戴斩罪办事的。不但礼貌谈不上，连生命都时刻在死亡的威胁中。皇帝越威风，士大夫越下贱，要不做官吧，有官法硬给绑出去，非做不可，再不干，便违反了皇章，“士不为君用”，得杀头。君臣的关系一变而为主奴，说是主奴吧，连起码的主子对奴才的照顾也不存在的。前朝的旧家巨室被这个党案、那个逆案给扫荡光了，土地财产被没收。老绅士绝了种，用八股文所造成的新绅士来代替，新绅士是从奴化教育里成长的，不提反抗，连挨了打都是“恩谴”，削职充军，只要留住脑袋便感谢圣恩不尽，服服帖帖。到清朝，官员们不但见皇帝得跪，连见同事的王爷贝勒也得跪。到西方强国来侵略，打了几次败仗，缔结了多少次屈辱条约以后，皇权动摇，洋权日盛，对皇权的自卑被洋人代替，结果是洋权控制了皇权，洋教育代替了八股，旧士大夫改装为知识分子以及自由主义者，出奴入主，要说说洋人所说的话，要听听国外的舆论，要做做外国人所示意的，在被谴责、被训斥之后，还得赔笑脸，以兴绅权为兴民权之起点，办报纸，立学会，假手于官力，为自己找“新路”，这些绅士除了服装以外，面貌是和五十年前那些人一模一样的。

绅权在历史上的三变，从共存到共治，降而为奴役，真是一代不如一代。历史说明了两千年来绅权的没落和必然的淘汰。梁启超的时代过去了，我们今天来研究这个五十年前被提出的课题，不但很有趣，也是很重要的。

关于历史上绅士所享受的特权，将在另一文中讨论。

论士大夫

照我的看法，官僚、士大夫、绅士、知识分子，这四者实在是一个东西。虽然在不同的场合，同一个人可能具有这几种身份，然而，在本质上，到底还是一个。在这里，为了讨论上的方便，我们还是不能不按照这四个不同的名词，分开来讨论所谓“士大夫”。

平常，我们讲到士大夫的时候，常常就会联想到现代的“知识分子”。这就是说，士大夫与知识分子，两者间必然有密切的关系。官僚就是士大夫在官位时的称号，绅士则是士大夫的社会身份。本来，士大夫是封建社会的标准产物，而知识分子则是半封建半殖民地社会的标准产物。或者说，今日的知识分子，在某些方面相当于过去的士大夫，过去的士大夫有若干的特性还残存在今日知识分子的劣根性里面。

从历史上来看，大夫原来在士之上，大夫是王侯的家臣，而士则是大夫的家臣。古代的士，原是武士，主要的职责是从事战争，是武士而非文士。一向被王侯大夫养着，叫作养士，这里所谓“养”，正和养鸡、养猪、养牲口同一道理，同一性质。“食人之禄，忠人之事。”受谁豢养，给谁效劳，吃谁的饭，替谁做事，有奶便是娘，要想吃得肥、吃得饱就得卖命去干。后来由于社会的动荡变化，王侯贵族失去了所继承的一切，不但没有人养得起士，连原来养士的人也不能不被人养了。这时候，士不可能再捧着旧衣钵，吃闲饭，只好给人家讲讲故事、教书、办事、打杂、做傧相办红白大事、做秘书跑腿过日子，于是一变而为文士，从帮凶变成帮闲的。跟着，找到了新路，不是做王侯的家臣，而是从选举征辟等途径，攀上了高枝儿，做皇帝的食客雇工，摇身一变为大夫、为官僚。于是，几千年来，士大夫连成了一个名词，具有特定的内容、特征。

士大夫的内容、特征是什么呢？分析地说：

士大夫有享受教育机会的特权，独占知识，囤积知识，出卖知识，“学成文武艺，货与帝王家”。知识商品化，就这点而论，士大夫和今天的知识分子完全一样。

过去的国立学校，无论是太学、国子学、国学，以至国子监等，学生入学的资格是依父祖的官位品级，平民子弟极少有机会入学，甚至完全不许入学。

士大夫的地位，处于统治者和被统治者之间，上面是定于一尊的帝王，下面是芸芸的万民。对主子说是奴才，奴才是应该忠心替主人服务的，依权附势，从服务得到权位和利益，分享残羹剩饭。对人民说，他们又是主子，法外的榨取、剥削、诛求，兼并土地，包庇赋税，走私囤积，无所不用其极。对上面是一副奴颜婢膝的脸孔，对下面是另一副威风凛凛的脸孔，这两副面孔正如《镜花缘》里所描写的，对人一副笑脸，背后的一副用布蒙住，士大夫用的这块布，上面写着“仁义道德”四个大字。对主子劝行王道、仁政，采取宽容作风，留母鸡下蛋。对人民，欺骗、威吓、麻醉，制造出种种理论，来掩饰剥削的勾当。比如大家都反饥饿，他们曾说："没饭吃，平常事。饭该给有功的人吃，因为人家在保护你们。为什么要吵吵闹闹呢？何况有的是草根、树皮！"甚至说："要那么些钱干什么，已经差强人意了，还要闹，失去清高身份！"理论没人理，跟着是刑罚，所谓"齐之以刑"。再不生效，更严重的一套就来了。两面作风，其实是一个道理，就是不要变、不要乱。如果非变不可，也要慢慢地变，一点一滴地变，温和地变，万万不能乱，为的是一变就不能不损害他们的既得利益，乱更不得了，简直要从根挖掉他们的基业。他们要保持现状，要维持原来的社会秩序，率直一点儿说，也就是维持自己的财产和地位，这类人用新名词说，就是所谓自由主义者。

士大夫享有种种特权，例如，免赋权，免役权，做各级官吏之权，居乡享受特殊礼貌之权，包办地方事业之权，打官司奔走公门之权，做买卖走私漏税之权，畜养奴婢之权，子孙继承官位和受教育之权，等等。老百姓要缴纳田租，他们可以不缴，法律规定，官品越高，免赋越多，占有土地的负担越小，造成了经济地位的优越。老百姓要抽壮丁，"有吏夜捉人"，不管三丁抽一或是五丁抽二，总之是要出人，但是，士大夫不必服役，例如南北朝时代士族不服兵役，明朝也有"家里出了个生员，就可免役二丁"的规定。说到做官，这本是士大夫的本分，即使不做官了，在乡做绅士，也享有特殊礼遇，老百姓连和绅士同起坐、同桌吃饭都是不许可的。如果乡里要举办一些事业，所谓"自治"，例如修路、救灾、水利、学校等，士大夫是天然的领袖。要贩运违法货物，有做官的八行书就可免去关卡留难。畜养奴婢，只要财力许可，几千几万都为法律所承认。此外，还有师生、同年、同乡、亲戚，种种关系可以运用，任何角落里都有人情面子，造成一股力量，条条大路都可通行。

士大夫对国家民族没有义务，不对任何人负责。不当兵，不服役，不完粮纳税，一切负担都分嫁给当地老百姓。一个地方的士大夫越多，地方的百姓就越苦。遇有特殊变故，要“有钱出钱，有力出力”的时候，出力的固然是百姓，出钱的还是百姓，士大夫是一毛不拔的，有时候还从中渔利，发一笔捐献财。

因为知识被专利，所以舆论也被垄断了。历史上所谓“清议”一向是由士大夫包办的。只有士大夫才会写文章著书，才有资格说话，老百姓是没有份儿的，即使说了也不过是“刍荛之见”，上达不了，即使上达了，也无人看重。东汉后期的太学生，明末的东林党，清代末年的戊戌变法，都只是站在士大夫立场上，对损害他们的另一剥削集团的斗争——对宦官、外戚、贵族的斗争，和老百姓是不大相干的。

士大夫也就是地主，因为他们可以凭借地位来取得大量土地，把官僚资本变成土地资本，士大夫和地主其实是同义语。反之，光是地主而非士大夫是站不住的，苛捐杂税，几年工夫就可以把这些不识时务的地主毁灭。因之，地主子弟千方百计要钻进士大夫集团，高升一步，来保全并发展产业。地主所看到的是收租的好处，看不见的是农民的困苦。通常形容士大夫

"四体不勤，五谷不分"，不但不明白农民的痛苦，甚至连孔子那样的人，都以不坐车而步行为失身份。因之，在思想上、在政治上，都是保守的，共同的要求是保护既得利益，无论如何要巩固维护现状，反对一切变革、进步。从整个集团利益来看，士大夫是反变革的、反进步的，也是反动的。最多，也只能走上改良主义的道路。当然，也有形式上是进步的，例如1898年的康有为、梁启超，要求变法，对当时的守旧官僚来说，比较上是进步的，可是在本质上，他们要求变法的目的，是在保存旧统治权，保存皇帝，也就是保存他们自己的地位和利益，他们的进步立场，只是士大夫本位的形式上的进步，和一般人民的利益并不一致。

由上面的分析，士大夫是站在人民普遍愤怒与专制恐怖统治之间的，也站在要求改革、要求进步与保守反动之间。用新名词来说是走中间路线，两面都骂，对上说不要剥削得太狠，通通刮光了那我们吃什么；对下则说：你们太顽强，太自私，太贪心，又没有知识，又肮脏，专门破坏，专门捣乱，简直成什么东西。其实这些都可以回敬给他们，等于自己骂自己。他们之所以要表示超然的态度，上不着天，下不着地，吊在半空中，这是有好处的。像清朝的曾、左、李诸公，帮助清朝稳定了江山，便青云直上，在汉人、满人之间发展自己。两面骂的好处是万一旧王朝倒了，便可投到新主人的怀抱里，他不是骂过那已经倒了的旧王朝吗？反正不管谁上台总有他们的戏唱，这就是士大夫走中间路线的作风与妙用。

这种士大夫的典型例子，在历史上可以找到不知多少，简直数不胜数。这里只随便举几个谈谈。

一个是钱谦益，明末时期的人，少年时候和东林党混在一起，反贪污、反宦官。后来被政敌一棍打下来之后立刻变成了“无党无派”，在乡间住了几年又变成了“社会贤达”。1644年机会一到，一跃而为礼部尚书，无党无派和社会贤达的头衔都不要了。对东林党人则说：我是当年反贪污、反宦官的健将，对当局则拼命献身。清兵一来，首先投降的就是他，死后清廷把他放入“贰臣传”之内。此公不但政治节操如此，在乡间当社会贤达时就是标准的土豪劣绅，无恶不作。

另一个是侯恂，《桃花扇》里面所说的侯朝宗的父亲，此公是明末的重臣，李自成入北京，他就降李自成，清兵入关他就降清，可以说是“三朝元老”。

还有，再举个明末的例子吧，《燕子笺》的作者阮大铖。他是有名的戏剧家，《燕子笺》《春灯谜》，技巧都不坏，为了娱乐讨好弘光皇帝，清兵快到南京时，他还在忙着找好行头，在宫里献演自己的大作。此公一生，可以分为整整七个时期：第一时期，没有大名气，依附同乡东林重望左光斗（阮是安徽人），钻进党去，成了名。第二时期，急于做官，要过瘾，要做又大又有权的官。东林看不惯他的卑劣手段，不给他帮忙，于是此公一气之下，立刻投奔魏忠贤，拜在门下做干儿子，成为东林的死对头。替干爹出主意，大抄黑名单。第三时期，东林被魏阉一网打尽，他也扶摇直上，和干爹关系很好。可是他很明白大势，预留地步，每次见干爹都花钱给门房买下名片，灭了证据，自打主意。第四时期，魏党失败了，此公立刻反咬一口，清算总账，东林、魏党两边都骂。为什么呢？——表明他是中间分子，不偏不倚。可是人民眼睛是雪亮的，还是给削了官，挂名逆案，呜呼哀哉，一辈子都没有做官的希望了。于是闲居十九年，做社会贤达写写剧本，成为第一流的文学家。第五时期，南方名士们创立复社，热闹得很，贵公子都在里面。此公穷居无聊，沉不住气，于是谈兵说政，到处抬出东林的招牌来做自我宣传，想混进复社去把党人收作自己的群众。说："我是老东林，跟你们上代有交情，你们捧捧我吧！"不想那些青年人可真凶，火气大，给他下不来，发宣言（揭帖）指出他一桩一桩的罪状，一棍打击下去，此公又吃了一次亏，气得发昏。第六时期，北都倾覆，政局变了，南朝一个军阀马士英给福王保镖成立新政府。阮受了几年气，于是又勾上了马相国，做了兵部尚书。此公于是神气十足，一边大发议论，武力不以对外，清兵来还好说话，左兵来可难活命；外战不来，内战拼命，一边重翻旧案，排斥东林，屠杀青年，利用特务，要大报旧仇。开了两纸黑名单，一纸五十三名，一纸一百零八名，的的确确送了不少人进集中营，也的的确确杀了不少人。同时大肆贪污（所谓"职方贱似狗，都督满街走"，正是南京政府的写照，也正是这样把南京搞垮了台）。第七时期，清兵南下，此公投降了，但是看看福建又建立了新政府，想投机通通消息，结果为清军所杀。此公的变化多端，大概前所未有，然而万变不离宗，总是那么一副嘴脸，为自己打算。

当然，也有天良还剩一丝丝的，例如吴梅村，也是风流才子，而且是士大夫的领袖。明亡后，清朝逼他做官，因为怕死，守不住节，只好去做官了。把过去半生的清名，连同社会贤达的牌子都打烂了，一念之差，在威迫利诱之下走错了路，悔恨交加，临死前作了一首绝命词："万事催华发，论龚生、天年竟夭，高名难没。吾病难将医药治，耿耿胸中热血。待洒向、西风残月。剖却心肝今置地，问华佗，解我肠千结。追往恨，倍凄咽。故人慷慨多奇节，为当年、沉吟不断，草间偷活。艾灸眉头瓜喷鼻，今日须难诀绝。早患苦、重来千叠。脱屣妻孥非易事，竟一钱不值何须说。人世事，几完缺？"

如以上许多例子，岂不是士大夫都是没有骨头的？都是出卖自己灵魂的？或者都是"难将医药治"的？假如引历史上某一时期如南朝做例——史家都说是"南朝无死难之臣"，这是错的——当时，政权虽不断变换，而士大夫阶层所形成的集团的特权并没有变更，这一个集团有着政治力量所不能摧毁的，在社会、政治、经济、军事各方面的领导地位，他们本身的利益既不受朝代变换的倾轧，那他们又为什么要替寒人出身的一些皇帝死节呢？假如再引别的时代的例子，例如汉代的范滂、陈蕃，唐代的颜真卿、张巡、许远，宋代的文天祥，明代的杨继盛、杨涟、左光斗、史可法，清代的谭嗣同，为了他们的信念，为了他们的阶层利益，为了他们所保卫的特权而死，史书上叫作忠臣义士的，这一类的例子也很多。这一些人都是士大夫，虽然失败，是有骨头的，有血有肉，有灵魂的，是忠于封建社会的封建道德的——和前一类的人正形成鲜明的对比。

当两个朝代交换，或者是社会有很大的改革的时候，往往是对人的一种考验。现在恐怕又是到了一个考验的时候了，这考验包括你也包括我。我们看见了许多阮大铖、吴伟业、钱谦益；同时我们也看见许多谭嗣同、范滂、文天祥。面对着这考验，也有许多人打着自由主义的招牌出现，那么也让历史来考验他们吧。历史是无情的，在这考验下面，我们将会看到历史的悲剧，也是这些自由主义者的悲剧。固然我们不希望今后的文学作品里再发现“绝命词”一类的作品，然而历史始终是无情的。

第二编

历史的风骨

谈中国人的风骨和气节

伟大的历史学家司马迁

公元前126年的春天，一辆马车，载着一个二十岁的青年，驭者不断挥动丝鞭，四匹雪白的骏马撒开着腿飞跑，走遍了祖国大江南北的著名城市。

这个青年生得眉清目秀，长身玉立，衣着朴素整洁。随身带着许多竹简、木板，准备把所看到听到的事情，随时记录下来。他这次旅行的目的是访求古代史书，向老人们访问古代遗事，调查了解各地情况，是一次学术旅行。

他叫司马迁（前145—前86？），字子长，左冯翊夏阳（今陕西韩城市南）人。父亲司马谈，做汉朝太史令的官。太史令在政府中是专管天文历法的官员，司马一家从很古时代就专管天文历法，到周宣王时代（前827—前782）还兼管周朝历史资料的保管和编写。到了司马谈，除了继承世代相传的天文历法和历史的家学以外，又跟著名天文学家唐都学天文，有名的学者杨何学《易经》，黄子学道论。精通各家学说，学问很好。他很钟爱这个儿子，一心一意要教育司马迁继承世代相传的家学，亲自讲授指点，在闲暇时，还和儿子讲论诸子百家流派，所见所闻的史事。司马迁读书非常用功，儿童时从师就学会了当时所通行的文字，十岁就念古文——《左传》《国语》《世本》等书，到二十岁时已经博通群书，有了广泛的知识，很扎实的基础了。

这一年，司马谈为他儿子安排了一次学术旅行，接触实际，扩大眼界，增长知识，结交朋友。

根据司马迁所著《史记》里有关这次旅行的记载，大致情况是这样的：他到过长沙，在《屈原贾生列传》里说：我读了《离骚》《天问》《招魂》《哀郢》，很为他的志向所感动。到了长沙，又亲眼看了屈原投水自杀的地方，想象中有这么一个形容憔悴、满腔抑郁的爱国诗人，在这儿行吟、踯躅，他忠于君主，热爱人民，热爱祖国，却落得这样下场，徘徊沉思，不禁伤心落泪。顺便看了九嶷山，传说中舜安葬的地方。到江西庐山，考察了夏禹疏浚九江的情况。在山顶独坐，恍惚看到平原上浊流滚滚，洪水滔天，老妇幼儿，随波呼号，牲畜家具，互相挤撞的惨象。一会儿又看到一群短衣赤脚的汉子，其中有一个身材特别高大的人在指手画脚，他摩顶放踵，治水十三年，三过家门而不入，采用疏浚的办法，导水入河，终于战胜了洪水，这是何等的勤劳、智慧和毅力啊！接着到浙江会稽（今浙江绍兴），参观传说中的禹穴。到江苏姑苏（今江苏苏州），游览了五湖，领略了烟波浩渺、一望无际的内湖景色。参观了楚国春申君黄歇的故城，发出“宫室盛矣哉”的感慨。到淮阴，当地人民说：淮阴侯韩信在当老百姓的时候，志向就和众人不同，母亲死了，虽然很穷，备不起棺椁，却找了一个高敞空旷的地方葬下，准备日后在墓旁可以安置万数人家。司马迁听了，就跑去看，果然是这样的情况。

北上到山东，沿途考察了许多河流的水利情况。在过去齐国、鲁国的都城，和一些戴着高高的帽子，穿着宽大的衣袖的学者商讨学问，反复辩论，观察孔子的遗风余韵。到曲阜时，还看了孔子的庙堂和保存着的车服礼器，看到学生们在那里按时学习礼节，仪容端正，队伍整齐，看了又看，竟舍不得走。在薛，看到地方上的青年人，大多数有点粗野，和邹、鲁地方文绉绉的风气不一样，便打听缘故，说是从前孟尝君在的时候，招致了各地方任侠的有各种本领的人到薛来，有六万多家。从这件事证明，孟尝君以好客自喜，确是名不虚传啊！在汉高祖发迹的丰、沛地区，访问了许多老人，谈了旧事。还看了汉初功臣萧何、曹参、樊哙、滕公等人的故居，他和樊哙的孙子他广是朋友，他广也告诉了他汉初功臣许多逸事。西向经梁、楚，这是战国时代战争频繁的地区。在大梁之墟，访问信陵君时代的夷门，原来就是城的东门。徘徊门下，仿佛想见当年信陵君亲自执辔，车骑簇拥，夷门监者侯生，一个七十岁白须白发的穷老头子，在车上高坐，信陵君执礼愈恭，路人聚观，从骑窃骂的情景。当地人都说，秦国攻魏国的都城，引河水灌城，城墙坏了，守不住了，魏王只好投降，秦就灭掉魏国。人们的意见，投降，秦就灭掉魏国。人们的意见，认为因为魏国不用信陵君，所以国家削弱，以至于亡。司马迁研究了当时的历史情况，不同意这种意见，他认为秦灭魏是当时人民要求统一的必然结果，魏王即使有伊尹那样的贤臣辅佐，也还是抗拒不了的。

在《史记·龟策列传》里，司马迁说：我到江南，了解南方人的生活习惯，访问了许多年纪大的长老。他们说沿江一带人们有养龟的习惯。很有意思，我也是南方人，四十年前在一个朋友的家里，看到院子的水池里就养着许多大大小小的龟。隔了两千多年了，江南人民还保持着这种习惯，可见司马迁观察事物是很细心的。

在山东地区游历的时候，他从泰山一直到琅琊，东到海边，看到这一带两千里之间肥沃的土壤，和当地人民接触，发现他们很有气概，不大暴露聪明，他认为这是和当地的地理环境有关系的。

在这次旅行以后，不久他就做了郎中的官，有机会跟从汉武帝到各地游历。公元前 112 年，他跟皇帝西到空同（今甘肃岷县西）。公元前 110 年又奉使到四川南部，看了秦时蜀郡守李冰所凿的离碓（今成都都江堰）。回来复命后，又跟皇帝东封泰山，从碣石一直到辽西一带，经过北边九原（今内蒙古乌拉特、茂明安二旗之地），回到甘泉（今陕西淳化县）。在这次旅行中，他观察了秦朝将军蒙恬所修的长城和秦朝所修从九原到甘泉的直道（公路），在《史记·蒙恬列传》里说：我到北边，从直道回来，看到蒙恬所修筑的秦长城和亭、障，他们把山凿开了，把谷填平了，工程非常浩大，所用的人力可真是不少啊！第二年又跟皇帝到河南、山东，上泰山。这一年黄河决口泛滥，水灾严重，汉武帝亲自在河北濮阳县黄河决口处主持堵口工程，随从人员从将军以下都参加劳动，背着柴木堵口，司马迁也参加了。决口堵塞以后，汉武帝很高兴，就在堵口处建造一所宫殿做纪念，叫作宣房宫。通过这次实践，司马迁认识了水的利和害两个方面，后来就特别在《史记》里写了《河渠书》的专门记载。公元前 107 年，又跟皇帝到河北涿鹿，和当地父老们谈论古代黄帝、尧、舜的传说。

司马迁一生所游历的地方很多，他不是为了游山玩水，而是有一定的目的——做历史的调查研究工作。他注意地理环境、人民生活习惯、历史传说和著名人物的逸闻逸事，他到处访问地方长老，随时记录，很用功，也很细心，观察力又很敏锐。就这样，通过长期的多次的游历，不但丰富了文章的辞藻，壮大了文章的气势，展开了自己的眼界，开阔了自己的心胸，也积累了无数宝贵的历史资料。

为了求得历史的真实性，司马迁还通过和史事有关人物的谈话，来核对史实。例如赵王迁的情况，在《史记·赵世家》里，司马迁说：我听冯王孙说，赵王迁的母亲原来是妓女，赵悼襄王很宠爱她，把嫡子嘉废了，立迁为王。赵王迁品德很不好，又喜欢听一些没有根据的话，把最好的将军李牧杀了，用无能的郭开做将军，结果，赵国为秦所灭。这段故事指出了赵国宫廷的情况和赵王迁的家庭教育影响。又如荆轲刺秦始皇的真实情形，当时目击者有秦始皇的侍医夏无且，司马迁父亲的朋友公孙季功、董生都曾和夏无且交游，《史记》这部分记载看来就是司马迁从父亲那儿听来的，所以写得非常生动，精彩。又如《郦生陆贾传赞》说：平原君（朱建）的儿子和我是好朋友，所以我才能谈论这件事。《田叔列传赞》说：田叔的小儿子田仁是我的好朋友，我所以一并谈论他。《卫将军骠骑列传赞》说：苏建对我说，他曾批评大将军（卫青）地位那样高，可是国内的贤士大夫没有称道大将军的。希望大将军能够像古代名将那样注意选择贤人，结交朋友才是。通过卫青部下将领苏建的话，指出卫青的短处。有些历史人物的特征，则是听朋友说的，如《项羽本纪赞》说：我听周生（周霸）说，舜的眼睛重瞳，项羽也如此。留侯（张良）的相貌，则是看了他的画像，《留侯世家》说：我以为这个人的相貌一定是魁梧奇伟的，谁知道看了画像，样子像个漂亮的妇女。孔子说过，用相貌来衡量人的品德，对子羽（澹台灭明字子羽，是孔子的学生，长得很丑，品德却很好）就不适用。我看留侯也是这样。有些历史人物则是根据他自己的直接接触来描写的，例如《史记·李将军（李广）传赞》说：我看李将军，样子老老实实像个庄稼人，嘴里说不出话。司马迁和李广的孙子李陵同为郎官，所以有机会见到李广。又如《游侠传赞》说：我看郭解，长得不比平常人好，谈话也不怎样出色。但是全国不管是好人、坏人，知道他和不知道他的人，都仰慕他的名声，讲游侠的都拿他做榜样。司马迁是夏阳人，郭解也曾经逃亡在夏阳住过一个时期，因此，司马迁不止认识郭解，了解郭解，还替他写了传，通过对郭解的叙述，表达了他对当时社会现象的愤慨。

在到处游历访问的同时，司马迁还跟当时著名的学者受学，例如孔子的后代孔安国做博士（教授）的时候，司马迁向他学习古文《尚书》（《尚书》有古文、今文两种本子，今文是汉朝当时通行的隶书，古文则是蝌蚪文字。学者讲解两种本子，各有流派师传）。《史记》里所记《尧典》《禹贡》《洪范》《微子》《金縢》这些篇，用的都是古文家说。又如董仲舒是当时著名的《春秋》学者，《史记·太史公自序》讲孔子作《春秋》的缘故，就是听董仲舒说的，可见司马迁也是跟董仲舒受过教的。在朋友中，贾谊的孙子贾嘉最为好学，和司马迁通信；壶遂是个天文学家，和司马迁同事，讨论过历史问题。

公元前110年，司马迁从四川奉使回来，这时汉武帝正要东封泰山，司马谈是太史令，照例是应该从行的，不料生了重病，留在洛阳。司马迁回到洛阳见了父亲，司马谈拉着儿子的手，哭着说：我的祖先是周朝的史官，远祖专管天文历法，很有名气。后来中间衰落了。你如能够再做太史令，那就可以继承祖先的事业了。我死后，你一定会做太史令的！做了太史令，不要忘了我想要讨论、著作的事。做一个好儿子，首先是对父母好，其次是对君主好，但最重要的是做一个堂堂的人，能够站得住。要做好事情，使声名传到后代，使人们知道这是他父母的好教育，这是最大的孝。人们都在歌颂周公，因为他做了好事，表达了他先人的成就。以后到孔子，论《诗》《书》，作《春秋》，讲学问的人到现在还以他为榜样。孔子死后四百多年了，各国互相兼并，历史也没有人记载了。现在汉朝建立，全国统一，有多少应该记载的可歌可泣的历史啊！我做太史令多年，可是没有着手做，让国家的历史断绝了，我非常着急、恐慌，你要记住这件事才好！司马迁低头流泪，对父亲说：儿子虽然不成才，一定要把祖先和你所谈论的记录下来，不让它有一点儿遗漏。他对父亲立下了编写国家历史的庄严誓言。

不久，司马谈就死去了。两年以后，公元前 108 年，司马迁果然继承了父亲的工作，做了太史令。这一年司马迁三十八岁。

石室、金匮是国家藏书的地方，司马迁做了太史令，尽情阅读了国家的藏书，特别是古代各国的史记，他的历史知识越发丰富了，对历史发展的看法也日益成熟了，做了编写《史记》的充分准备工作。这里应该指出，远在两千多年前，那时候，纸和印刷术都还没有发明，所有的书都是用竹简或者木板抄写的，抄写一部书要用很多时间，费用很贵，数量也很大。一般人读书只能听老师口授和笔记，要读很多部书是极不容易的事情。司马迁生在世代掌管编写历史的家庭，有特别优越的条件，能够阅读家藏的史书，现在又有更多、更好的机会阅读国家藏书了，他的著作之所以能够取得伟大的成就，除了他的家庭教育、好学勤读、游历访问、做了充分的调查研究工作之外，指出这一点也是必要的。

公元前 104 年，司马迁和公孙卿、壶遂建议改定历法，奉命造太初历，这个历法也就是“夏历”，一直通行到今天。从这一年开始，司马迁用全部力量编写国家的历史，从有史以来一直到当代的通史，总结了过去时期的经济、社会、政治、军事、文学、科学、艺术等各方面活动的经验。

五年以后，公元前 99 年，汉将军骑都尉李陵战败投降匈奴，司马迁说了几句公道话，触怒了汉武帝，被处宫刑。

事情的经过是这样的，李陵是名将李广的孙子，勇敢果决，善于作战，奉命率领五千步卒出击匈奴，在浚稽山（今蒙古人民共和国喀尔喀土喇河及鄂尔浑河之间）为匈奴骑兵三万所包围，全军力战，杀伤匈奴兵几千人，且战且退，原来配备的援军没有来到，匈奴方面又增加了八万的兵力，经过几天的激战，又杀伤了匈奴兵几千人，最后退入山谷中，匈奴骑兵从山上射箭，矢如雨下，李陵军士卒死伤惨重，箭射完了，援兵还没有影子，势穷力竭，投降了匈奴。李陵战败的消息到了长安，满朝官员都骂李陵，汉武帝问司马迁的意见，司马迁以为李陵兵力少，和兵力大十几倍的强敌死战，转战千里，后无援兵，杀伤敌兵近万，这样英勇，古代的名将也不过如此。他虽然力竭投降，还可能找机会立功报答国家的。李陵投降当然是不好的事情，但是司马迁根据敌我情况，做了如实的说明，他不是肯定李陵，而是希望李陵以后能有机会做出报效国家的表现，不料汉武帝大怒，以为司马迁替李陵说情，立刻把他关进监牢，处以重刑（下蚕室，去掉睾丸）。

司马迁的身体虽然残疾了，汉武帝还是爱惜他的才学，改官为中书令，这个职务掌管接收百官报告，转达给皇帝，是个宫廷的机要工作。

李陵案件，对司马迁是极为严重的打击。但他没有灰心，下定决心要活下去，无论如何，要完成国家历史的编写工作。公元前 93 年，他在答复朋友任安的信里说道：我受了这样可耻的重刑，所以隐忍苟活是有原因的。多年来收集全国历史事迹，考察比较，研究其成功、失败、兴起、灭亡的道理，写了一百三十篇，目的是要弄清人类和自然界的关系，阐述古代到现代的发展、变化，建立一家之言。不料工作还没有完成，便遇到这件惨祸，为了写完这部书，便只好忍受这种刑罚。反之，假如早已成书，传布开了，就是死一万次，也是不会后悔的。信写得十分愤慨激昂，非常动人，说出了司马迁对历史著作的严肃、郑重、负责的态度，和百折不挠完成事业的奋斗精神。

司马迁的卒年，历史上没有记载，根据史料估计，大概死在公元前 86 年，存年约六十岁。

司马迁的时代，是我国历史上最杰出的皇帝之一——汉武帝在位的时代（前 141—前 87）。经过秦朝末年农民战争的历史教训，汉朝初期的统治者采取了一些缓和阶级矛盾的措施，让农民能够休养生息，发展生产。经过几十年的统一、安定局面，经济发展了，社会繁荣了，国家富足了，军事力量强大了。汉武帝是一个雄才大略的政治家，他在这个基础上，几次出兵打败多年来经常侵扰北方边境的匈奴，打通河西走廊，和西方许多部落建立了联系，交换了物资。并且通过各种方式，扩大了国家的疆域。把煮盐、冶铁、铸钱三大工业收为国有，使政府的收入大为增加。汉武帝在位的时代是汉朝的全盛时代。

也正是这个时代，阶级矛盾更加尖锐化了。地主无休止地剥削、兼并农民，地主愈富，农民愈加贫困；商人囤积货物，勾结官吏，放高利贷，剥削中小地主和农民。封建统治集团也越来越腐化了，官吏欺凌、奴役人民，老百姓有冤无处诉，社会上出现一些游侠，为受苦难的人们打抱不平的人物。

司马迁以自己敏锐的观察力，忠实地、科学地用富有文采的动人描述，概括地记录了这个时代。他同情农民战争，歌颂陈胜、吴广起义；对项羽和刘邦的斗争，感情也是偏向项羽一面的。他谴责酷吏，赞扬游侠。对皇帝的缺点，从汉高祖的无赖到汉武帝的妄想长生、封禅、求仙，都直笔不讳。对广大人民的痛苦生活，一再表示同情。特别是对封建官僚的龌龊生活，寡廉鲜耻的行为，“侯之门，仁义存”，只有做官的人才有道理的不平现象，予以有力的揭露和抨击。他通过人物、事件本身的叙述，表达了自己的观点，也通过历史家的笔法，用自己的口气，“太史公曰”，提出自己的意见和评价。他注意社会生活、活动的各个方面，对当时经济情况做了详尽的记录和分析，也注意到人和人的关系，对那种不公道、不合理的社会现象，发出了忧时的感慨和愤怒。他的爱和憎是分明的，对是和非是毫不含糊的。在他的著作中，充满了对祖国的热爱和歌颂，也对坏人、坏事做了有力的暴露和谴责。

他的著作原名《太史公书》，后人称为《史记》，内容分十二本纪，十表，八书，三十世家，七十列传，共一百三十篇，五十二万六千五百字。《史记》的学术地位是极高的，汉代大学者扬雄推许《史记》为实录，实录是真实的记录，是历史著作的基本要求。史学家班固说：刘向、扬雄两人都博览群书，都称赞司马迁有良史之材，佩服他善于叙述事理，辨而不华，质而不俚，其文直，其事核，不虚美，不隐恶，所以称为实录。宋代史学家郑樵更是推崇，说司马迁继承孔子的意图，把有史以来下至秦、汉的历史，编成一部通史，分成五种体裁：本纪是帝王的编年史，世家是诸侯的家族史，表扼要记事，书记典章制度，传详叙人物，这五种体裁的奠定，后代的历史家都不能改变。学者离不开这部书，“六经”之后，只有这部书！清代史学家王鸣盛说司马迁自己说写这部书是述而非作，其实是以述兼作的，是有创造性的。赵翼说《史记》是史家的最高准则，在过去的历史时期，没有任何一部历史著作曾经超过《史记》。这些评论都是公允的，符合实际的。

当然，也还必须指出，《史记》不只在历史著作方面占有极高的地位，在文学艺术方面，也是有其光辉灿烂的成就的。他写人物都栩栩如生，呼之欲出，写事件简明扼要，生动活泼。《史记》不只是一部极为优良的历史著作，也是一部极为优良的文学作品，在历史和文学两个方面，都占着历史时期第一流的地位。在我国的历史著作中，史学和文学一向是统一的，这个优良的传统，经过司马迁的努力而更加发扬光大，永远值得后人继承、学习和敬仰。

司马迁是我国的伟大的历史家和文学家。

杰出的学者玄奘

唐僧取经的典故，由于吴承恩的《西游记》的渲染，已经成为我国尽人皆知的故事了。作为一个虔诚的宗教徒，作为一个著名的旅行家，唐僧的声名是无须介绍的。但是，作为一个勤勉努力，用毕生的力量追求知识，在哲学领域内达到很高成就的学者，一般人就比较生疏了。神话小说的《西游记》描写了唐僧的宗教热诚和旅行艰苦方面，至于学术成就方面，根本没有提到（也无须提到），我看，这就是作为一个杰出的学者的唐僧，不甚为人所知的原因。

不止如此，唐僧的性格，如《西游记》所描写的，忠厚老实，耳朵有些软，打不定主意，容易偏听偏信，有时也会发一点儿牛脾气，就小说的人物性格塑造来说是很成功的。但和历史人物的唐僧则恰好相反，历史人物的唐僧是非常坚强的、勇敢的，不怕困难，不怕艰险，百折不回，是个仁慈、厚道、博学多能、辩才无碍的英雄人物。

"取经"这一个大家熟悉的名词，在今天的现实生活中常被引用。一般的理解是对某一方面的知识不懂或不够，去向懂的人或知道较多的人学习。这样理解当然不错，但还不够确切。从唐僧的历史看来，应该是已经对某一方面知识做了专门的研究，学得越多，积累的问题便越多，为了解决这些问题，丰富和提高知识、学术水平，才下决心去取经。相反，没有进行充分的准备工作，不了解这一问题的研究所已经达到的广度和深度、应该和必须解决的问题，遇到困难，一开口便是取经，无的放矢，这是种懒汉态度，是取不到经的，即使取到了，也会驴唇不对马嘴，没有用处。同样，取了经以后，放在一边，或者没有研究、消化，囫囵一口吞下去，像猪八戒吃人参果那样，也是无益的。唐僧把取来的经，用半生的精力把其中主要的译为汉文，成为自己的东西，丰富了祖国的文化，在我国学术史上是一个光辉的典范。

不谈宗教徒和旅行家的唐僧，谈学者的唐僧。

玄奘法师（602—664）俗姓陈，名祎，河南缑氏（今河南偃师市）人。少年时家庭贫困，二哥长捷法师在洛阳净土寺出家，把他带在身边，诵习经典。十三岁这一年隋朝政府在洛阳度僧，名额很少，学的经多来考试的有好几百人，他学的经少，站在门外很羡慕，刚巧被考试官看见，一谈话，发现他有志气，聪敏，便录取了，出了家。

净土寺有位景法师讲《涅槃经》，玄奘跟着学习，连吃饭、睡眠都忘记了。又跟严法师学《摄大乘论》，越学越喜欢，听一遍就差不多记得，再读一遍，就完全掌握了。老师叫他上讲台复讲，讲得抑扬流畅，大家都很佩服。

隋末战乱，玄奘和长捷离洛阳到长安，经子午谷到成都，从道基、宝暹二法师学《摄论》《毗昙》，从震法师学《迦延》。他爱惜寸阴，努力学习，在两三年时间里，掌握了佛教哲学的基本知识。

二十一岁时在成都学《律》。这地方的著名经师他都已经受过教了，有些问题得不到解决，便想再到长安访师求友，但哥哥不答应，他便偷偷和商人结伴，逃出成都，乘船过三峡到荆州，在天皇寺讲《摄论》《毗昙》各三次，很受欢迎。北游到相州，从休法师学《杂心》《摄论》，质难问疑。到赵州，从深法师学《成实论》。到长安，从岳法师学《俱舍论》，都是听了一遍就完全懂得，读了一遍完全记得。那时候我国的雕版印刷术还没有发明，研究学问的方法一是听讲，二是抄写，其他的办法是没有的。玄奘不但勤听勤抄，还能够在领会的基础上，进一步发挥自己的见解。

接着他又从当时最有名的法常、僧辩二大师学《俱舍》《摄大乘论》，从玄会法师学《涅槃经》，学问日益精进，名誉日渐传开了。

贞观元年（627），他学得越多，便越不满足。因为所学经论，不同的经师有不同的理解，传抄的经典也有讲不清楚的，他要“分条析理，广彼前闻，截伪续真，开兹后学”，便决心到印度游学，解决疑难，求得《瑜伽师地论》[①]，提高学术水平。困难是语言、文字的隔阂，一个穷和尚到外国去，怎么可能有翻译人员帮助工作呢？下定决心学习梵文，当时长安有很多外国人游学、经商，他跟着学习语文，专心致志，不久就学会了。

---

① 《瑜伽师地论》：又称《瑜伽论》《十七地论》，是大乘佛教的重要经典。

贞观三年（629），玄奘二十七岁，约了几个同伴，写信给皇帝请求出国。这时，国内经济还未恢复，边境也还不十分安定，政府命令禁止百姓出国。请求被拒绝以后，别的人都放弃了，玄奘奋勇不回，政府不许就私逃，同伴没有就一个人走。他知道路上是十分艰险的、十分困难的，便假想种种苦难，自问自答有把握一定可以克服，下定决心出发。

他从贞观三年（629）八月离开长安，经秦州、兰州、凉州、瓜州，过玉门关，渡莫贺延碛（沙漠），到高昌，历经西域诸国，游历了今阿富汗、尼泊尔、印度、巴基斯坦诸国，经过一百几十个地方，历时前后十七年，到贞观十九年（645）才回到长安，这年他已经四十四岁了。

途中的困难，正如他所预料，是数说不完的。到凉州时，凉州都督要强迫他回长安，便连夜逃走，昼伏夜行，到了瓜州。好容易找到一个引路的，在玉门关上流偷渡过去后，引路的怕艰险，又跑掉了。剩下孤身一人，偷渡边界五个烽火台，骑马通过沙漠。在沙漠中看到回光反影的幻象，千奇百怪，他虽然错认为妖鬼，却毫不动摇。莫贺延碛长八百多里，上无飞鸟，下无走兽，也没有水草，一人一马走了一百多里，找不到泉水，喝带来的水，不料一失手，皮袋掉在地下，水全倒掉了，前面还有七百里沙漠，没有水是走不过的，只好折回取水，走了十几里，又一转念，立下誓不到印度，终不东归一步，如今一遇挫折，便走回头路，怎么可以呢？又折回来，继续前进。在途中，晚上看到的是幻影的火光，白天惊风拥沙，口眼难开，四五天没有水喝，人马都困乏不堪，走到第五夜半，实在不行了，躺在地下，天快亮时，忽然有凉风吹来，通身轻快，马也能起来了，勉强前进，走了十几里，发现有青草、泉水，人马大吃大喝一顿，休息了一天，装满了水，又走了两天，才走出沙漠。

经过高昌（今新疆吐鲁番），得到高昌王麹文泰资助盘费、随从和马匹，还写了许多介绍信，要求所经诸国给予方便。但不久又遇到困难，过葱岭时，高山冰雪皑皑，风雪杂飞，蹊径崎岖，寒冷彻骨，悬釜而炊，席冰而睡，走了七天才出山，随从的人员冻饿死了将近一半，牛马死得更多。又过大雪山，凝云飞雪，途路艰危，比葱岭更险。

入北印度境波罗奢大林中，碰着五十几个强盗，一行人的衣服资财全被劫夺，被赶到一个干枯的池子中，要加杀害，玄奘和一小沙弥从水穴逃出，奔告村人齐来解救，同伴才幸免于死。

在殑伽河船行时，又被十余贼船抢劫，这些强盗是信奉邪神的，每年秋天要杀一个相貌端美的人祭神，看见玄奘仪容伟丽，便在树林中辟地设坛，两人拔刀牵玄奘上坛要杀，忽然黑风四起，折树飞沙，河流涌浪，船只漂覆，强盗很迷信，问玄奘从何处来，众人说是从中国来求法的，大吃一惊，连忙把玄奘放掉，把抢走的东西也都还给本主。自然气候的变化，救了玄奘的命。

玄奘经历了无数艰险，百折不回。同样，对于安乐的环境，也不肯久留，过高昌时，高昌王要留他住下，劝其不必西行，愿以一国供养，玄奘坚决不肯。高昌王威胁要么留下，否则就送回长安，玄奘痛哭辞谢，绝食三天，到第四天还不肯进食，高昌王才许他西行，请他复食，玄奘不相信，高昌王和他约为兄弟，要求回来时留住三年，才资送玄奘西行。（640 年唐灭高昌，玄奘回来时，高昌已灭，不能践约了。）

在印度那烂陀寺（今印度比哈尔邦伽雅城的西北）两次留学七年，学问成就以后，准备回国，寺中同学反复劝说，要他就住在印度，不要回国了。玄奘坚决不肯，最后同学闹到长老戒贤法师面前，戒贤问玄奘意见，玄奘说："这个地方我并非不喜欢。只是我的来意是为求得学问，从到寺以后，蒙法师讲授《瑜伽师地论》，解决了疑难和各学派深奥的道理。私心非常高兴，没有虚此一行。现在我要把学到的东西，回去翻译，让别的有疑难的人，也能够得到学习，报答老师的教诲，因此不愿留在此地。"戒贤听了很高兴，说："很对，这也就是我所期望于你的。"叫诸人不要苦留，让他回国。

在十七年的旅行中，他随时随地访求著名学者，虚心学习。

在那烂陀寺，请戒贤法师讲《瑜伽论》《顺正理》《显扬》《对法》《因明》《声明》《集量》《中论》《百论》等论，学婆罗门书，钻研各学派经典和学梵文，历时五年；

又到伊烂拿国，从怛他揭多鞠多、羼底僧诃二师学《毗婆沙论》《顺正理》等论；

到南侨萨罗国，有婆罗门善解《因明》，从读《集量论》；

到驮那磔迦国，从苏部底、苏利耶学《大众部根本阿毗达磨》等论，他们也从玄奘学《大乘》诸论；

到建志补罗，遇到僧迦罗国（锡兰）的和尚，就问《瑜伽》的要义；

到钵伐多罗国，住了两年，学《正量部根本阿毗达磨》《摄正法论》《教实论》等。

又回到那烂陀寺，从般若跋多罗学《声明》《因明》，从胜军论师学《唯识抉择论》《意义理论》《成无畏论》《不住涅槃论》《十二因缘论》《庄严经论》和《瑜伽》《因明》等疑义，首尾两年。

那烂陀寺是印度最大的寺院，经过六代国王的不断营建才建成的。僧徒主客常有万人，研究《大乘》兼十八部，以及《俗典》《吠陀》等书，语言文字学、逻辑学、天文学、医学、术数等科。寺中通经论二十部的有一千多人，三十部的五百多人，五十部的十人，其中之一就是玄奘。长老戒贤法师是印度当时最伟大的学者，精通一切经典，玄奘从他受学，成为高足弟子。

玄奘回寺后，同学师子光讲《中论》《百论》，破《瑜伽论》，玄奘兼通二论，和会二宗，著《会宗论》三千颂，戒贤法师和全寺同学都齐声道好。有一个婆罗门外道立义四十条挂在寺门，并声明有人能破一条，斩首相谢。玄奘叫人把榜取下撕掉，和他辩论，立义明确，婆罗门理屈词穷，说我输了，把头给你。玄奘说不必，你跟我为奴吧，婆罗门很喜欢。玄奘研究小乘所制的《破大乘义》七百颂，有几个地方有疑问，就问所伏婆罗门有没有研究过，说听过五遍。玄奘就要他讲，弄清楚了，写成《破恶见论》一千六百颂，申大乘义，破小乘义，戒贤法师和全寺同学都称赞“以此穷核，何敌不亡”。玄奘便赦免了所伏婆罗门，让他自由。婆罗门到东印度，向鸠摩罗王宣扬玄奘的德义，鸠摩罗王很钦佩，立刻派人来请玄奘去讲学。

玄奘在鸠摩罗王处住了个把月，戒日王也发使来邀请，问到秦王破阵乐，玄奘一一陈说。又读了玄奘的《破恶见论》，非常欣赏，叫全国学者讨论，无人能破。便决定召集诸国学者，在曲女城（今印度北方邦巴雷利城）举行辩论大会，讨论玄奘的著作。

这个会规模非常大，有十八个国王参加，大小乘学者三千多人，婆罗门及尼乾外道两千多人，那烂陀寺也来了一千多人。请玄奘做论主，宣扬大乘，并由那烂陀寺明贤法师当众宣读《破恶见论》，又写一本挂在会场门外，征求不同意见，一直过了十八天，没有一个人发言。最后按照当地习惯，玄奘乘大象巡游会场，随从高唱："中国法师立大乘义，破诸异见，过了十八天，没有不同意见，大家要知道。"到场学者替玄奘起名字，大乘学者称为摩诃耶那提婆，汉译大乘天。小乘学者称为木叉提婆，汉译解脱天。中国学者在国外得到这样高的学术荣誉，这是破天荒的第一次。

玄奘在印度所发表的论文都是用梵文写作的。马鸣的《起信论》有汉文译本，印度倒失传了。玄奘答应印度学者的要求，把汉文本的《起信论》译为梵文，流传五印度。回国以后，又奉唐太宗的命令，译《老子》为梵文，玄奘邀集了许多道教学者，讨论研究，译成梵文，流传印度。

贞观十七年（643），玄奘辞别戒日王归国。戒日王除了供给沿途费用以外，还派人通知所经各国供应人马，一直到达唐境，归途比之来的时候是顺利多了。到于阗后，派人送信到长安报告唐太宗以归国情况，唐太宗很喜欢，要他立刻回长安，沿路都着地方官迎候。贞观十九年（645）正月，玄奘回到长安，百姓听说他回来了，夹道欢迎，万人空巷，连路都走不通了，只好住在城外，第二天才能进城。他带回来经典五百二十箧，六百五十七部。

从贞观十九年（645）三月起，一直到麟德元年（664）二十年中，玄奘用全力做翻译工作。唐朝政府从各地调来证义学者通解大小乘经论的十二人，缀文学者九人，字学学者一人，证梵语梵文学者一人，和记录、抄写人员，帮助他工作。显庆元年（656）又特派朝廷大官于志宁、来济、许敬宗、薛元超、李义府、杜正伦等帮助看阅译文，有不稳便处，随手润饰。范义硕、郭瑜、高若思等文人也参加了翻译工作。

玄奘对工作非常认真，爱惜时间，连一分钟也不轻易放过，每天都按计划工作，万一白天有别的事延误了，一定要在晚上补足。晚上睡得很少，五更便起床读梵文原本，用朱笔标点次第，准备好当天的译文。到黄昏时，还对学生讲授新得的经论。

翻译的方法也有了改变。过去译经的办法，梵文是倒写的，第一步照样直译，第二步再把文字倒过来，符合汉文语法，第三步由文人整理词句，往往任意增损，有时会把整段或者主要的意思漏掉。玄奘对汉、梵文都有很高的造就，翻译时由梵本口授汉译，意思独断，出语成章，文人笔录，便可披玩，不但正确译出意思，文辞也斐然可观，翻译的水平也大大提高了。

对梵文底本也采用多本互校的方法，如《大般若经》梵本总有二十万颂，玄奘得到三个本子，翻译的时候，遇到文有疑错，便用三本互校，仔细对比，方才定案，这种审慎的态度，也是前人所不曾有的。

他所译的《大般若经》一共有六百卷，耗费了很长的时间和精力。译完了这部书，又开始另一部大经典的翻译，他感觉到精力不行了，译了一部分，实在支持不下去，只好叹口气停笔，和同事们告别，不多几天就死去了。

经过二十年的努力，玄奘译出经论七十四部，总共一千三百三十五卷。就译书的数量来说不只是空前的，在他以后的翻译家，也很少有人能够相比。

玄奘用一生的力量学习和介绍佛教哲学思想和语言文字学、逻辑学等学问。他在取经以前，用十七年的时间，奔走各地，求师学习，打下了扎实的基础，并学习梵文，排除语文隔阂的障碍。在这个基础上，发现了经论中许多问题，为了解决问题，提高知识、学术水平，下决心去取经。在出国往返的十七年中，克服了一切困难，到处努力学习，勤学勤问，解决了疑难，求得了新知识，发表了独创性的学术论文，取得了国际上学术界的崇高地位，为祖国争取了荣誉。取了经回国以后，又以二十年的时间专心一意做翻译工作，就质量数量来说都达到很高的水平。通过他的努力，丰富了祖国的文化，对哲学、语言文字学、逻辑学、文学各方面都起了有益的作用。此外，他的游记《大唐西域记》翔实地记录了经行各国的各种情况，对研究这个时期我国新疆境内各民族和葱岭以西诸国的历史、地理、物产、交通、宗教信仰等，具有极为重要的价值，这是他又一方面的贡献。

玄奘是虔诚的佛教徒，当然是唯心论者，这一点应该说清楚。作为一个历史人物，他对当代文化提供了有益的贡献，对中国和外国的文化交流做出巨大的成绩，他千方百计寻求知识，永远不满足于已有的成就，正视困难，勇于克服困难，艰苦奋斗，终于取得胜利，这种顽强、勇敢、聪明、智慧的美德，体现了我国民族的优良传统。他是我国历史上杰出的学者，永远值得后人怀念和学习。

坚韧的历史家谈迁

1647年，是清朝顺治四年。此时算起，四年前的五月初一，清摄政王多尔衮入北京。同一天明宗室福王入南京，过了十二天做了皇帝，改次年年号为弘光。第二年五月清军入南京，弘光帝被俘，明朝亡。

该年（1647）八月间，浙江海宁市的一个村落麻泾，村边一片枣林里，住着一位老秀才谈迁，此人既老且穷，半夜里忽然被小偷光顾，破衣烂衫，什么也没有动，只偷走一部文稿，叫作《国榷》。

这部书是谈迁编的明朝编年史，从1328年到1645年，每年按月按日编的大事纪。内容主要根据明朝的实录和一百多家明朝史家的著作，经过细心的编排考订，写了改，改了再写，一连改了六次才编成的一部大书。

他是一个穷秀才，买不起书，当时也没有图书馆可以借书。明朝实录是记载每一皇帝在位时的编年史，没有刻本，只有少数的大官僚家里才有传抄本。他为了研究明朝历史，托人情、拉关系、左求右求，好容易才求通了邻县的几家大乡绅，经常跑一百多里路，带着铺盖伙食去抄书，抄了多少年，费了多少精力，终于把这部五百多万字的大书编成了，十分得意。纵然刻不起版，不能传布开去，但是，只要有了稿子，将来总会有机会出版的。

他为什么要编这部书？1621年，他二十七岁，那一年，母亲死了，在家守孝。他原来对历史有兴趣，读了不少书，积累了丰富的历史知识，恰好得到一部陈建著的《皇明通纪》，便仔细阅读，不料越读越生气，书里记载的史事有很多错误，见解也很肤浅，心想这样的书不是害人吗？不但糟蹋人的时间，还给人以错误的史实和看法。便下决心自己编写。编书的主要根据是明朝实录，经过仔细研究，有几朝实录也很不可靠，例如《明太祖实录》是经过三次改写的，改一次便隐没了不少历史真相。明孝宗的实录是正德时的奸臣焦芳编的，凡是他所不满意的好人都乱骂一通，把白的说成黑的，很不可靠。为了求得历史事实真实可靠，他便发愤通读所能借到抄到的一百几十家明朝历史家的著作，互相对证比较，一条条地札记，按年月分别放在有很多抽屉的柜子里，再按年月按事综合研究，择善而从，编成这部书。总之，他原来编《国榷》的目的是从历史的真实性出发的，要通过自己的辛勤劳动，编成一部可信的国史。

不料1644年清人入关，1645年弘光帝被俘，这一年他已经五十一岁了。他在所著《枣林杂俎》里写上一段题记说："我的祖先，因南宋亡，避难搬到海宁的枣林。如今不到四百年，又是南宋亡国时的局面了。我年纪大了，说不上哪个早上或晚上死去，能逃到哪里去呢？桃花源在哪里呢？只好在枣林算了！"崇祯、弘光这两朝是没有实录的，他便根据当时的《邸报》（政府公报）继续编写，认为国虽亡了，但史不可亡，保存故国的真实历史，是亡国遗民应尽的责任。从此，他的著作，署名为江左遗民，原来他名以训，字观若，也改名为迁，字孺木，纪念亡国的哀痛。

书写成了，慢慢传开了。他家虽穷，但这部书是件大财富。当时有的人有钱有地位，却缺少社会名望，很想有部书出版，流传后代。但写书要有学问，要花苦功夫。知道谈迁生性耿介，拿钱是买不动的，便只好偷了。结果，这部花了二十多年时间、改了六次才编成的书被偷走了，谈迁一生的精力白费了。

谈迁遭受了这样严重的打击，伤心得很，在大哭一场之后，下定决心：我的手不是还在吗？再从头干吧！

为了保存祖国的真实历史，也为了通过历史给后代人以深刻的教育，于是，这位五十多岁的老人，满头白发，背着雨伞、包袱、干粮、纸笔，跑到嘉善、归安、吴兴、钱塘，向乡绅大族说好话求情，借书抄书，读遍了有关的参考书，抄得了所需要的材料，不顾严寒，不顾酷暑，以炽盛的精力，像二十多年前一样又投身到学术的战斗中。

这样，经过了四年，他已近花甲了，又第二次完成了《国榷》的初稿。

但是，还有困难。南方虽然有许多大乡绅，有些史书可以借读借抄，毕竟他们注意的是举业，更多收藏的是八股帖括之类。有很多性质较为专门的书对他们没有用，因之也就看不到。更重要的是万历到崇祯这几十年的史事，由于党争反复，各人的立场不同，记载也就是非不一，同一事有许多不同的说法，差别很大。崇祯一朝史事，有许多记载是得之传闻的，很不可信。要多找书读，要多找人谈，特别是找身经其事的人谈，要达到这样要求，就非到北京不可。

北京怎么能去呢？没有路费，即使借到钱，到北京后的吃住又怎么办呢？

谈迁过去的职业是当官僚的幕友，替东家代写些应酬文字，办些文墨事务。例如，1642 年，他就胶东高弘图之聘，做高的记室，一直到 1645 年高弘图罢相为止，在当时官僚中有些名气。1653 年，义乌朱之锡进京做弘文院编修，聘谈迁做记室，约他一路从运河坐船进京，谈迁多年来的愿望实现了，一口答应。在北京朱家住了两年半，除了替朱之锡做些文墨工作以外，便用全力收集史料和访问有关史事的人物，补充和纠正《国榷》这部书。

当时在北京有不少藏书家，著名的一个叫曹溶，浙江秀水人，由于同乡关系，谈迁写信给他，见了面，曹溶答应借书并且介绍别的藏书家。由曹溶的介绍，他又认识了太仓吴伟业和武功霍达。这三个人都是现任官员，都是明朝崇祯时的时士，都收藏了很多外边不经见的秘书。其中吴伟业熟识明末掌故，亲身经历过许多事变，是当时的大名士，交游相当广泛，从此谈迁便经常和他们往来，问以先朝遗事，一一笔录。又借到《万历实录》和《崇祯邸报》，和《国榷》原稿核对。

他到北京去的时候是带着《国榷》去的，把原稿送给曹溶、吴伟业、霍达，要求他们指出错误，随时改正。

此外，他到处访问明朝的降官、贵族子孙、太监、官僚贵族、门客、城市和乡村居民，只要有一点儿线索，也不放过。

他还访问历史遗迹，如景泰帝和崇祯帝的坟墓，金山明代皇族从葬地区，香山和西山的古寺，等等。从运河北上和南下时，所过城市也都核对史书，记载有关事迹。到1656年回家时，已经记录了几千张纸的材料，满载而归了。

朱之锡序他的《北游录》，描写谈迁搜访史料的情形说：“为了访问遗迹，登山涉水，脚都起了泡，有时迷了路，只好请看牛的小孩和雇工带路，觉得很高兴，不以为倦，人家笑他也不理会。到一个村子里，就坐下笔记，一块块小纸头，写满了字，有时写在用过的纸背上，歪歪扭扭的，很难认出。路上听到的、看到的，一堵围墙、一块破碑，也不放过，只要耳目所能接触的都用心记下，真是勤勤恳恳，很感动人。”

这两年多的生活，使他的历史知识更丰富了，《国榷》的史料质量更提高了。除此以外，他还把所作诗文编成《北游录》，内容包括在北京时的日记和见闻记录，北游的旅程，把一部分材料补充了以前所著的《枣林杂俎》。

他在学术上有很大收获，但在精神上则很痛苦。因为他只是一个穷老秀才，一个替人帮忙的幕客，这样的身份求人借书，访人问事都不是很容易的。他在给朋友信中诉苦说：“我不善于说话，年纪又大，北京游人多得像蚂蚁，成天去拜访贵人，听候接见，往往早上去等中午，有时得等到晚上才能见着面，简直受不了。北京气候又干燥，到处是尘土，鼻子口腔都脏得很。无处可去，只有离住所两里外的报国寺有两棵松树，有时跑到树下坐一会儿，算是休息了。”他早就要回南方，只因东家挽留不放，后来朱之锡奉命修书，想来或者可以看到一些难得的秘书，一打听内阁的书也都残缺不全了，没有了指望，便决心回家了。

1657 年，他又应聘做幕友到山西，一来是为了生活，二来也想趁机会去拜哭平阳的张慎言墓。张慎言是弘光时的吏部尚书，高弘图的朋友，很契重谈迁。这年十月，他还没有到平阳，就病死在路上，年六十五。

谈迁的《国榷》，三百年来只有传抄本。二十五年前我因为要查对一些材料，曾在前中央研究院历史语言研究所翻阅了一遍，因为不能外借，没有机会细读。想望了这多年，现在中华书局终于把它出版了，这是学术界的一件大好事。对爱国的历史家谈迁说，隔了三百年出版了他的著作，他应该十分高兴。对学习历史的我来说，也是绝好的今昔对比，从前看不到的书现在却搁在我的书桌上，不但有机会细读《国榷》，还能读到他的《北游录》，比较深切地了解谈迁这个人，十分感动，也十分高兴。这篇短文的目的，介绍这部书，也介绍这个人。这书的编写经过，这人对历史的求真精神和顽强的研究精神是值得我们学习的。

献身于祖国地理调查研究工作的徐霞客

要做好任何工作，都要有调查，有研究。

我国古代有不少著名学者，他们之所以能够取得成就，就是因为认真做好了调查研究工作。

十七世纪前期的地理学家徐霞客，以他的一生贡献给地理、地质科学的调查研究工作，写的《徐霞客游记》不但科学性强，文艺水平也很高，是研究祖国自然面貌的最珍贵的遗产。

徐霞客（1587—1641），名宏祖，字振之，霞客是他的别号，江苏江阴人。他家世世代代都是大地主，曾祖分家时分得田一万二千五百九十七亩，到祖父时家道中落，父亲和母亲时又成为大地主。霞客因为家庭生活优越，才能和当时的许多名人学者结交，收藏很多书籍，旅行各地，专心做地理、地质科学的调查研究工作。

霞客从二十一岁（1608）这年开始，便出外旅行，到过太湖、泰山、北京、南京、落迦山、天台山、雁宕（荡）山、白岳、黄山、武夷、九曲、庐山、仙游、嵩山、太华山、太和山、荆溪、勾曲、福建、罗浮山、盘山、五台山、恒山、江西、湖南、广西、贵州、云南等地，其中有些地方还去过多次，一直到死前几个月才因病从云南回家。概括地说，他的调查研究工作一直坚持了三十四年之久。

他有文学修养，文章和诗都写得好，但是，和一般地主家庭子弟不同，他不参加考试，也不想做官。从儿童时起便喜欢读书，特别是地理书籍，心想到长大了便去游历名山大川，增长知识。到成年以后，认为过去的山经、地志，其中有些记载，由于没有经过实际调查，错误不少。特别是边疆地区，问题更多。要认识祖国的真正面貌，科学地记录地形地貌，一定要经过亲身观测考察。怀抱着这样的志愿，他开始了长期的艰苦的旅行生活。

他身体瘦长，面孔黑黑的，平时说话很少，但只要谈到山经、水脉、地理形势，便滔滔不绝了，像换了个人似的。有人告诉他什么地方应该去，他不说一声，第二天拔腿就走，过些日子回来，人家才知道他又旅行了一次了。在途中每天都写日记，详细记载这天所看到的事物，有时连续赶路，来不及每天写，也是抓住间隙的机会补写。从他的游记看，五十二岁那年，还每天记千把字。当时著名学者钱谦益劝朋友印他的书，赞扬他："闻其文字质直，不事雕饰，又多载米盐琐屑，如甲乙账簿，此所以为世间真文字，万万不可改换，失却本来面目也。"从游记的文字看来，确是文字质直，生动流利，够得上世间真文字的评价。至于多载米盐琐屑如甲乙账簿，则不是事实。

潘耒序他的游记也说："向来山经地志之误，厘正无遗；奇踪异闻，应接不暇。然未尝有怪迂侈大之语，欺人以所不知，故吾于霞客之游，不服其阔远而服其精详，于霞客之书，不多其博辨而多其真实。”精详、真实、实事求是地记录所见，是徐霞客研究学问最可宝贵的特色。

当时交通条件是很困难的，除了水路坐木船，陆路有时可以骑马以外，主要是靠步行。霞客身体好，很能走路。一根手杖，一副被服就上路，不一定走官路，只要有值得去的地方，便迂回屈曲去找，先看清山脉如何去来，水脉如何分合，了解大势以后，再一丘一壑，支搜节讨。登山不一定要有路，荒榛密菁，穿着过去；渡水也不一定在渡口，冲湍恶泷，走着过去；越是危峰，越要爬到峰顶；越是深洞，也不放过一个支洞，像蛇行猿挂那样，都要走到；走到没有路时也不害怕，耽误了时间不后悔；没地方睡就睡在树底下、石头边，饿了吃草木的果实；不避风雨，不怕虎狼，不算时间，不要伴侣；也能忍饿几天，不挑嘴吃，什么东西都可以吃饱。遇见困难不丧气，在西南旅行时，几次被强盗抢劫，跟的人也偷跑了，盘缠没有了，也不肯半途而废。同游僧静闻被强盗杀伤病死，遗嘱希望葬在云南鸡足山，不管怎样困难，他完成了亡友的志愿。沿途遇见正直的文人、官吏、僧侣都一见如故，政治品质不好的便拒绝来往。盘缠断绝了，接受朋友的馈赠，但是，有一个官僚要送他使用国家交通工具的邮符（免票），却毫不迟疑地拒绝了。

徐霞客有坚定的决心和毅力，不达目的决不罢休。游雁宕（荡）山时，拿一根手杖，在深草中攀缘，一步一喘，爬到顶上。游黄山时，山上很陡，雪很深，背阴处结了冰，滑得无法上，他首先上去，拿手杖凿冰，凿了一个孔，容一只脚，再凿一个容另一只脚，就这样，一面凿孔一面上，终于上了最高峰。游武夷山时，看到一个岩山很奇怪，上下都是绝壁，只有一个横坳可以通过，他便伏身蛇行，盘旋而入，胸背都抵住岩石，毕竟爬过去了。游嵩山时，到了炼丹台，再上便是石脊，没有寸土，危崖万级，他手脚并用，爬了七里，才到主峰。游湖南时，为了调查潇郴二水的水源，上了三分岭石麓，峻削得站不住脚，只好攀缘深菁，不能抬头，也不能平行，爬了十里路，天快黑了，只好找棵松树，除去丛菁，开辟块巴掌大地方休息。山高没有水，有火也煮不了饭，只好砍除大木，烧起营火，到天黑时，吼风大作，火星飞舞空中，火焰忽高忽低，忽左忽右，确是奇观，连肚子饿也忘记了。一会儿下雨了，雨越大，风越强，伞遮不住，幸亏火大，还受得住，一直下到快天亮，火也灭了。这一年霞客已经是五十二岁的人了。到云南游石房洞，远远看到层崖上面，有个东向的洞，想爬上去没有路，不上去呢又舍不得，还是决心仰攀而上，崖面陡削，爬了半里之后，土松站不住脚，就用手攀草根，过一会儿草根也松了，幸而有了石头，可是不扎实，踩着就碎，抓住也碎，费了好大事，爬上一块稍黏的石壁了，全身贴着，一动也不能动，要上抓不住东西，想下也下不来。霞客一辈子经历过多少危险，都比不上这次，因为别处有峭壁，却没有这样松的土，流土也有，却没有这样松的石头。紧张了好一会儿，试着两手两脚挨的石头都不动了，才悬空移一只手，跟着悬空移一只脚，再接着移一只手、一只脚，幸好石头不松了，但是，全身力气却使完了，要掉下来了，这时，霞客使尽全身力气，拼命攀登，最后，他上去了。

他不信神鬼，例如游茶陵麻叶洞时，找了向导，拿了火把，却没有人敢带路，说是洞里有神龙奇鬼，没有法术是进去不得的。最后用很多钱说服了一个向导，要脱衣服时，向导知道霞客是读书人不是法师，吓了一跳说：我以为你是法师，才敢领路，你不是，我这条命赔不起！又不干了。霞客不管，就自己拿火把进去，做了精密的观察。回到洞口时，火把也灭了，在洞口看的几十人都说奇怪，以为霞客好久不出来，准是被鬼吃掉了。霞客向众人道了谢，却认为这个洞入口虽窄，里面的情况，却好到从来没有见过，不知道本地人为什么这样害怕。游郁林白石山时，记载说山北有漱玉泉，靠晚时庙里敲钟打鼓，泉水就会沸腾起来，钟鼓声停，泉水就安定下来了。霞客认为奇怪，到了白玉寺，才知道寺里的人连漱玉泉的名字都不知道，更不用说泉水沸腾了。

曲靖的白石江，流量少，只有几丈宽，霞客在亲身检验了以后，指出历史记载明初沐英在这里战败敌军，关于地势险要的描写是夸大的，不符合实际的。

在西南地区的考察，广西、贵州、湖南西南部、云南东南部的山都是纯质石灰岩，支水多潜流，山呈圆锥形，他用“石峰离立，分行竞奋”来形容这种现象。从南宁到新宁的水路，他注意到：“不特石山最胜，而石岸尤奇，盖江流击山，山削成壁，流回沙转，云根迸出，或错立波心，或飞嵌水面，皆洞壑层开，肤痕縠绉，江既善折，岸石与山辅之恐后，益使江山两擅其奇。”说出了河流侵蚀的原理。

经过实地调查研究，他写了有名的《盘江考》，有了新的发现，改正了过去记载的若干错误。又指出腾越的打鹰山，山顶有潭，是火山的遗迹。

由于到云南丽江、大理等地的考察，他第一次发现礼社（红河）、澜沧、潞江是三个江，分道入南海。知道了金沙江的北源。订正了旧记载上许多水系的错误。特别是他的《江源考》第一次指出金沙江是扬子江的上游，是我国地理学、地图学上最重要的发现。综合这些发现，他指出弄清水系的一条原理："分而歧之名愈紊，会而贯之脉自见矣。"

徐霞客是个乐观主义者，在云南各地旅行时，曾两次绝粮，毫不着急，有朋友请他喝酒，他回信说，一百杯酒抵不上一升粮，还是送点吃的吧。爬石房山这一天，他只有三十个铜钱，只够一天吃的。不料爬山下来，钱丢光了。只好拿身上的褶、袜、裙三件东西，挂在寓所门口拍卖。等了好久，才有人拿二百多钱买了绸裙子去。霞客很高兴，立刻买酒买肉，吃饱了，又趁傍晚去探尖峰之胜了。

在云南鸡足山时，跟他多年的顾姓家人，突然把他的所有东西都卷逃了，有人劝派人去追，他说："不必，一来追不上，二来追上了也不能强迫使其回来，只好算了。只是离家三年了，两人形影相依，忽然把我丢在万里之外，也未免太狠心了。"据游记的题记说，游记有一段缺了十九天，这些天的情况，曾经问过霞客从游的人。由此看来，这个顾姓是逃回家去的，徐霞客回去以后，看来也没有对这件事加以追究。

徐霞客的一生精力，完全用于地理、地质科学的调查研究上，他细心，认真，实事求是，刻苦钻研，走遍万里路，扩大了眼界，提高了当时这门科学的水平，正如潘耒所称赞的：“亘古以来，一人而已。”又说他在西南地区的考察，“实中土人创辟之事”，是前人所从来没有做过的事业。

我们纪念徐霞客这个著名的学者，就应该学习他的献身于学术研究，认真做调查研究工作，实事求是，努力提高科学水平的优良学风，和文字质直、生动流利的文风。

第三编

战争的成败

论烽火中的和平守望

明代靖难之役与国都北迁

明太祖的折中政策

自称为淮右布衣，出身于流氓而做天子的朱元璋，在得了势力称王建国之后，最惹他操心的问题——第一是怎样建立一个有力的政治中心，建立在何处；第二是用什么方法来维持他的统治权。

明太祖在初渡江克太平时（至正十五年六月，1355），当涂学者陶安出迎：

太祖问曰："吾欲取金陵，何如？"安曰："金陵古帝王都，取而有之，抚形胜以临四方，何向不克？"太祖曰："善！"

至正十八年（1358）叶兑献书论取天下规模：

今之规模，宜北绝李察罕（元将察罕帖木儿），南并张九四（吴张士诚），抚温、台，取闽、越，定都建康，拓地江、广，进则越两淮以北征，退则画长江而自守。夫金陵古称龙盘虎踞，帝王之都，借其兵力资财，以攻则克，以守则固。

部将中冯国用亦早主定都金陵之说：

洪武初定淮甸，得冯国用，问以天下大计。国用对曰："金陵龙盘虎踞，真帝王之都，愿先渡江取金陵，置都于此。然后命将出师，扫除群寇，倡仁义以收人心，天下不难定也。"上曰："吾意正如此。"

参酌诸谋士的意见，经过了长期的考虑后，以至正二十六年（1366）六月拓应天城，做新宫于钟山之阳，至次年九月新宫成，这是吴王时代的都城。同月灭吴张士诚，十月遣徐达等北伐。十二月取温、台，降方国珍，定山东诸郡县。

至正二十八年（1368）正月吴王称帝，改元洪武，汤和平福建，四月平广东、河南。七月广西平。八月徐达率师入大都，元帝北走。十二月山西平。二年（1369）八月陕西平，南北一统。四年（1371）夏明升降，四川平。十五（1382）年平定云南。二十年（1387）元纳哈出降，辽东归附，天下大定。在这一长时期中，个人的地位由王而帝，所统辖的疆域由东南一隅而扩为全国。元人虽已北走，仍保有不可侮的实力，时刻有南下恢复的企图。同时沿海倭寇的侵轶也成为国防上的重大问题。在这样的情形之下，帝都的重建和国防的设计是当时朝野所最瞩目的两大问题。

基于天然环境的限制，东南方面沿海数千里时时处处有被倭寇侵犯的危险，东北方面长城外即是蒙古人的势力，如不在险要处屯驻重兵，则黄河以北便非我有。防边须用重兵，如以兵权付诸将，则恐尾大不掉，有形成藩镇跋扈的危险。如以重兵直隶中央，则国都必须扼驻边界，以收统辖指挥之效。东南是全国的经济中心，东北为国防关系，又必须成为全国的军事中心。国都如建设在东南，则北边空虚，不能防御蒙古人的南侵；如建设在北边，则国用仍须仰给东南，转运劳费，极不合算。

在政治制度方面，郡县制和封建制的选择，也成为当时的难题。秦、汉、唐、宋之亡，没有强藩屏卫是许多原因中之一。周代封建藩国，则又枝强干弱，中央威令不施。这两者中的折中办法，是西汉初期的郡国制。一面设官分治集大权于中央，一面又封建子弟，使为国家捍御。这样一来，设国都于东南财赋之区，封子弟于东北边防之地，在经济上、在军事上、在统治权的永久维持上都得到一个完满的解决。这就是明太祖所采用的折中政策。

定都南京

明太祖定都南京的重要理由是受经济环境的限制。第一是因为江、浙富饶为全国冠，所谓“财赋出于东南，而金陵为其会”。第二是吴王时代所奠定的宫阙，不愿轻易弃去。且若另建都邑，则又须重加一层劳费。第三从龙将相都是江、淮子弟，不愿轻去乡土。洪武元年四月取汴梁后，他曾亲到汴梁去视察，觉得虽然地位适中，可是四面受敌，形势还不及南京。而在事实上，则西北未定，为转饷屯军计，不能不有一个军事上的后方重地，以便策应。于是仿成周两京之制以应天（金陵）为南京，开封为北京。二年（1369）八月陕西平。九月以临濠（安徽凤阳）为中都，事前曾和廷臣集议建都之地：

上召诸老臣问以建都之地，或言关中险固，金陵天府之国。或言洛阳天地之中，四方朝贡道里适均。汴梁亦宋之旧京。又言北平元之宫室完备，就之可省民力。上曰："所言皆善，惟时有不同耳。长安、洛阳、汴京实周、秦、汉、魏、唐、宋所建国。但平定之初，民力未苏息，朕若建都于彼，供给力役悉资江南，重劳其民。若就北平，要之宫室不能无更，亦未易也。今建业长江天堑，龙盘虎踞，江南形胜之地，真足以立国。临濠则前江后淮，以险可恃，以水可漕，朕欲以为中都。何如？"群臣称善。至是始命有司建置城池宫阙，如京师之制焉。

在营建中都时，刘基曾持反对的论调，以为"凤阳虽帝乡，非建都地"。八年（1375）四月罢营中都。

洪武十一年（1378）以南京为京师。太祖对于建都问题已经踌躇了十年，到这时才决定。可是为着要控制北边，仍时时有迁都的雄心。选定的地点仍是长安、洛阳和北平。当时献议都长安的有胡子祺：

洪武三年以文学选为御史，上书请都关中。帝称善，遣太子巡视陕西。后以太子薨，不果。

他的理由是：

天下形胜地可都者四。河东地势高，控制西北，尧尝都之，然其地苦寒。汴梁襟带河、淮，宋尝都之，然其地平旷，无险可凭。洛阳周公泾之，周、汉迁之，然嵩、邙非有函、终南之阻，涧、瀍、伊、洛非有泾、渭、灞浐之雄。夫据百二河山之胜，可以耸诸侯之望，举天下莫关中若也。

皇太子巡视陕西在洪武二十四年（1391）。则太祖在十一年（1378）定都南京以后仍有定都长安之意。皇太子巡视的结果，主张定都洛阳：

太祖以江南地薄，颇有迁都之意。八月命皇太子往视关、洛。皇太子志欲定都洛阳，归而献地图。明年四月以疾薨。

郑晓记此事始末，指出迁都的用意在控制西北：

国朝定鼎金陵，本兴王之地。然江南形势终不能控制西北，故高皇时已有都汴、都关中之意，以东宫薨而中止。

《明史》记：

太子还，献陕西地图，遂病。病中上言经略建都事。

是则假使太子不早死，也许在洪武时已迁都到洛阳或长安了。又议建都北平：

逮平陕西，欲置都关中。后以西北重地非自将不可，议建都于燕，以鲍频力谏而止。

何孟春记鲍频谏都北平事说：

太祖平一天下，有北都意。尝御谨身殿亲策问廷臣曰："北平建都可以控制边塞，比南京何如？"修撰鲍频对曰："元主起自沙漠，立国在燕今百年，地气天运已尽，不可因也。南京兴王之地，宫殿已完，不必改图。"传曰："在德不在险也。"

明太祖晚年之想迁都，次要的原因是南京新宫风水不好。顾炎武记：

南京新宫吴元年作。初大内填燕尾湖为之，地势中下南高而北卑。高皇帝后悔之。二十五年祭光禄寺灶神文曰："朕经营天下数十年，事事按古有绪。维宫城前昂后洼，形势不称，本欲迁都。今朕年老，精力已倦。又天下新定，不欲劳民，且兴废有数，只得听天。唯愿鉴朕此心，福其子孙。"

由此看来，从洪武初年到二十四年这一时期中，明太祖虽然以南京作为国都，可是为了控制北边的关系，仍时时有迁都的企图。迁都到北边最大的困难是漕运艰难，北边硗瘠，如一迁都，则人口必骤然增加，本地的粮食不能自给，必须仰给东南，烦费不资。次之重新创建城池宫阙，财力和人力耗费过多。懿文太子死后，这老皇帝失去勇气，就从此不再谈迁都了。

封建诸王

洪武二年（1369）四月编《祖训录》，定封建诸王之制。在沿边要塞，均置王国：

明兴，高皇帝以宋为惩，内域削弱，边围勿威，使胡人得逞中原而居闰位。于是大封诸子，连亘边陲。北平天险，为元故都，以王燕。东历渔阳、卢龙，出喜峰，包大宁，控塞葆山戎，以王宁。东渡榆关，跨辽东，西并海，被朝鲜，联开原，交市东北诸夷，以王辽。西按古北口，濒于雍河，中更上谷、云中，巩居庸，蔽雁门，以王谷若代。雁门之南，太原其都会也，表里河山，以王晋。逾河而西，历延、庆、韦、灵，又逾河北，保宁夏，倚贺兰，以王庆。兼殽、陇之险，周、秦都圻之地，牧坰之野，直走金城，以王秦。西渡河领张掖、酒泉诸郡，西肩嘉峪，护西域诸国，以王肃。此九王者皆塞王也，莫不敷险狭，控要害，佐以元戎宿将，权崇制命，势匹抚军，肃清沙漠，垒帐相望。

在内地则有：

周、齐、楚、潭、鲁、蜀诸王，护卫精兵万六千余人，牧马数千匹，亦皆部兵耀武，并列内郡。

洪武五年（1372）置亲王护卫指挥使司，每府设三护卫。护卫甲士少者三千人，多者至一万九千人。王国中央所派守镇兵亦得归王调遣：

凡王国有守镇兵，有护卫兵。其守镇兵有常选指挥掌之。其护卫兵从王调遣。如本国是险要之地，遇有警急，其守镇兵、护卫兵并从王调遣。

守镇兵之调发，除御宝文书外并须得王令旨方得发兵：

凡朝廷调兵须有御宝文书与王，并有御宝文书与守镇官。守镇官既得御宝文书，又得王令旨，方许发兵。无王令旨，不得发兵。

扼边诸王尤险要者，兵力尤厚。如宁王所部至“带甲八万，革车六千，所属朵颜三卫骑兵皆骁勇善战”。洪武十年（1377）又以羽林等卫军益秦、晋、燕三府护卫。时蒙古人犹图恢复，屡屡南犯。于是徐达、冯胜、傅友德诸大将数奉命往北平、山西、陕西诸地屯田练兵，为备边之计。又诏诸王近塞者每岁秋勒兵巡边，远涉不毛，校猎而还，谓之肃清沙漠。

诸王分封并塞居者皆预军务，而晋、燕二王尤被重寄，数命将兵出塞及筑城屯田，大将如宋国公冯胜、颍国公傅友德皆受节制。洪武二十六年（1393）三月诏二王军务大者始以闻，由此军中事皆得专决。一方面又预防后人懦弱，政权有落于权臣和异姓人之手的危险，特授诸王以干涉中央政事之权。诸王有权移文中央索取奸臣：

> 若大臣行奸，不令王见天子，私下傅致其罪而遇不幸者，到此之时，天子必是昏君。其长史司并护卫移文五军都督府索取奸臣，都督府捕奸臣奏斩之，族灭其家。

甚至得举兵入清君侧：

> 如朝无正臣，内有奸恶，则亲王训兵待命。天子密诏诸王统领镇兵讨平之。

又怕后人变更他的法度，把一切天子、亲王大臣所应做和不应做的事都定为祖训，叫后人永远遵守。洪武二十八年（1395）九月正式颁布《皇明祖训条章》于中外，并下令后世有言更祖制者以奸臣论。由此诸王各拥重兵，凭据险阨，并得干涉国事，在军事上和政治上都握大权，渐渐地酿成了外重内轻之势。

分封过制之害，在洪武九年（1376）叶伯巨即已上书言之。他说：

先王之制，大都不过三国之一，上下等差，各有定分，所以强干弱枝，遏乱源而崇治本耳。今裂土分封，使诸王各有分地，盖惩宋、元孤立，宗室不竞之弊。而秦、晋、燕、齐、梁、楚、吴、蜀诸国，无不连邑数十，城郭宫室亚于天子之都，优之以甲兵卫士之盛。臣恐数世之后，尾大不掉，然后削其地而夺之权，则必生觖望，甚者缘间而起，防之无及矣……愿及诸王未之国之先，节其都邑之制，减其卫兵，限其疆理，亦以待封诸王之子孙。此制一定，然后诸王有贤且才者入为辅相，其余世为藩屏，与国同休。割一时之恩，制万世之利，消天变而安社稷，莫先于此。

书上，以离间骨肉坐死。其实这时诸王只建藩号，尚未就国，有远见的人已经感觉到不安的预兆了。到洪武末年诸王数奉命出塞，强兵悍卒，尽属麾下，这时太祖衰病，皇太孙幼弱，也渐渐地感觉到强藩的迫胁了。有一次他们祖孙曾有如下的谈话：

先是太祖封诸王，辽、宁、燕、谷、代、晋、秦、庆、肃九国皆边虏，岁令训将练兵，有事皆得提兵专制便防御。因语太孙曰："朕以御虏付诸王，可令边尘不动，贻汝以安。"太孙曰："虏不靖，诸王御之；诸王不靖，孰御之？"太祖默然良久，曰："汝意何如？"太孙曰："以德怀之，以礼制之，不可则削其地，又不可则废置其人，又其甚则举兵伐之。"太祖曰："是也，无以易此矣。"

太孙又和黄子澄密谋定削藩之计：

惠帝为皇太孙时，尝坐东角门，谓子澄曰：“诸王尊属拥重兵，多不法，奈何？”对曰：“诸王护卫兵才足自守，倘有变，临以六师，其谁能支？汉七国非不强，卒底亡灭。大小强弱势不同，而顺逆之理异也。”太孙是其言。

即位后高巍、韩郁先后上书请用主父偃推恩之策：“在北诸王，子弟分封于南；在南，子弟分封于北。如此则藩王之权，不削而自削。”当局者都主削藩，不用其计而靖难师起。

靖难

明太祖在位三十一年（1368—1398），皇太子标早卒，太孙允炆继位，是为惠帝（1399—1402在位）。时太祖诸子第二子秦王樉、第三子晋王棡均先卒，四子燕王棣、五子周王及齐、湘、代、岷诸王均以尊属拥重兵，多不法，朝廷孤危。诸王中燕王最雄杰，兵最强，尤为朝廷所嫉。惠帝用黄子澄、齐泰计谋削藩：

泰欲先图燕。子澄曰：“不然。周、齐、湘、代、岷诸王，在先帝时尚多不法，削之有名。今欲问罪，宜先周。周王，燕之母弟，削周是削燕手足也。”

定计以后，第一步先收回王国所在地之统治权，下诏“王国吏民听朝廷节制，唯护卫官军听王”。建文元年（1399）二月又“诏诸王毋得节制文武吏士”。收回兵权及在王国之中央官吏节制权。洪武三十一年（1398）八月废周王橚为庶人。建文元年四月湘王柏惧罪自焚死，齐王榑、代王桂有罪，废为庶人。六月废岷王梗为庶人。

燕王智勇有大略，妃徐氏为开国元勋徐达女，就国后，徐达数奉命备边北平，因从学兵法。徐达死后，诸大将因胡惟庸、蓝玉两次党案诛杀殆尽，燕王遂与秦、晋二王并当北边御敌之任。洪武二十三年（1390）正月与晋王率师往讨元丞相咬住太尉乃儿不花，征虏前将军颍国公傅友德等皆听节制。三月师次迤都，咬住等降。获其全部而还，太祖大喜。是后屡率诸将出征，并令王节制沿边士马，威名大震。二十四年（1391）四月督傅友德诸将出塞，败敌而还。二十六年（1393）三月冯胜、傅友德备边山西、北平，其属卫将校悉听晋王、燕王节制。二十八年（1395）正月率总兵官周兴出辽东塞，自开原追敌至甫答迷城，不及而还。二十九年（1396）率师巡大宁，败敌于彻彻儿山，又追败之于兀良哈秃城而还。三十一年（1398）率师备御开平。太祖崩后，自以为三兄都已先死，伦序当立，不肯为惠帝下。周、湘诸藩相继得罪，遂决意反，阴选将校，勾军卒，收才勇异能之士，日夜铸军器。建文元年（1399）七月杀朝廷所置地方大吏，指齐泰、黄子澄为奸臣，援引祖训，入清君侧，称其师曰“靖难”。

兵起时惠帝正在和方孝孺、陈迪一些文士讨论周官法度，更定官制，讲求礼文。当国的齐泰、黄子澄也都是书生，不知兵事，以旧将耿炳文为大将往讨。八月耿炳文兵败于滹沱河，即刻召还，代以素不知兵的勋戚李景隆。时燕王已北袭大宁，尽得朵颜三卫骑而南。景隆乘虚攻北平，不能克，燕王回兵大破之。二年（1400）四月燕王又败景隆兵于白沟河、德州。进围济南，三月不克，为守将盛庸所掩击，大败解围去。九月盛庸代李景隆为大将军。十二月大败燕兵于东昌，燕大将张玉战死，精锐丧失几尽。三年（1401）燕兵数南下，胜负相当。所攻下的城邑，兵回又为朝廷据守，所据有的地方不过北平、保定、永平三府。恰好因惠帝待宫中宦官极严厉，宦官被黜责的逃奔燕军，告以京师虚实。十二月复出师南下。朝廷遣大将徐辉祖（达子，燕王妃兄）出援山东，与都督平安大败燕兵于齐眉山。燕军谋遁还。惠帝又轻信谣言，以为燕兵已退，一面也不信任徐辉祖，召之还朝。前方势孤，相继败绩。燕兵遂渡淮趋扬州，江防都督陈瑄以舟师迎降，径渡江进围南京，谷王橞及李景隆开金川门迎降，宫中火起，惠帝不知所踪。燕王入京师即帝位，是为成祖（1403—1424 在位）。

成祖入南京后做的第一件事是对主削藩议者的报复，下令大索齐泰、黄子澄、方孝孺等五十余人，榜其姓名曰奸臣，大行屠杀，施族诛之法，族人无少长皆斩，妻女发教坊司，姻党悉戍边。方孝孺之死，宗族亲友前后坐诛者至八百七十三人。万历十三年（1585）释坐孝孺谪戍者后裔凡千三百余人。即位后的第一件事是尽全力复建文中所更改的一切成法和官制，表明他起兵的目的是在拥护祖训和问惠帝擅改祖宗成法之罪。由此《祖训》成为明朝一代治国的经典，太祖时所定的法令到后来虽然时移事变，也不许有所更改。太祖时所曾施行的制度，也成为明代的金科玉律，无论无理到什么地步，也因为是祖制而不敢轻议。内中如锦衣卫和廷杖制，成为明朝一代的弊政。成祖创立了宦官出使专征监军分镇的制度和皇帝的侦察机关东、西厂。

迁都北京

成祖以边藩篡逆得位，深恐其他藩王也学他的办法再来一次靖难，即位之后，也采用惠帝的削藩政策，依次收诸藩兵权，非唯不使干预政事，且设立种种苛禁以约束之。建文四年（1402）徙谷王于长沙，永乐元年（1403）徙宁王于南昌，以大宁地界从靖难有功之朵颜、福余、泰宁三卫，以偿前劳。削代王、岷王护卫。四年削齐王护卫，废为庶人。十年（1412）削辽王护卫（辽王已于建文元年徙荆州）。十五年（1417）谷王以谋反废。十八年（1420）周王献三护卫。尽削诸王之权，于护卫损之又损，必使其力不足与一镇抗。到宣宗时汉王高煦，武宗时安化王寘镭、宁王宸濠果然援例造反，遂更设为厉禁，诸王行动不得自由，即出城省墓亦须奏请。二王不得相见，受封后即不得入朝。甚至在国家危急时，出兵勤王亦所不许。只能衣租食税，凭着王的位号在地方上作威福，肆害官民。王以下的宗人生则请名，长则请婚于朝，禄之终身，丧葬予费。仰食于官，不使之出仕，又不许其别营生计，“不农不仕，吸民膏髓”。生齿日藩，国力不给，世宗时御史林润言：

天下岁供京师粮四百万石，而诸府禄米凡八百五十三万石。以山西言，存留百五十二万石，而宗禄三百十二万。以河南言，存留八十四万三千石，而宗禄百九十二万。

不得已大加减削，宗藩日困。枣阳王祐“请除宗人禄，使以四民业自为生，贤者用射策应科第”，不许。万历二十二年（1594）郑靖王世子载堉请许宗室皆得儒服就试，无论中外职，中试者视才品器使，从此宗室方得出仕。国家竭天下之力来养活十几万游荡无业的贵族游民，不但国力为之疲敝不支，实际上宗室又因不能就业而陷于贫困，势不能不作奸犯法，扰害平民。这也是当时创立“祖制”的人所意想不到的。

成祖削藩的结果，宁、谷二王内徙，尽释诸王兵权，北边空虚。按照当时的情势，“四裔北边为急，倏来倏去，边备须严。若畿甸去远而委守将，则非居重取轻之道”。于是有迁都北京之计，以北京为行在，屯驻重兵，抵御蒙古人的入侵：

太宗靖难之勋既集，切切焉为北顾之虑，建行都于燕，因而整戈秣马，四征弗庭，亦势所不得已也。銮舆巡幸，劳费实繁。易世而后，不复南幸，此建都所以在燕也。

合军事与政治中心为一，以国都当敌。朱健曾从地理位置的角度解释成祖迁都。他说：

自古建立都邑，率在北土，不止我朝，而我朝近敌为甚。且如汉袭秦旧都关中，匈奴入寇，烽火辄至甘泉。唐袭隋旧都亦都关中，吐蕃入寇，辄到渭桥。宋袭周旧都汴，西无灵夏，北无燕、云，其去契丹界直浃旬耳。景德之后亦辄至澶渊。三治朝幅员善广矣，而定都若此者何？制敌便也。我朝定鼎燕京，东北去辽阳尚可数日，去渔阳百里耳。西北去云中尚可数日，去上谷亦仅倍渔阳耳。近敌便则常时封殖者尤勤，常时封殖则一日规划措置者尤亟。是故去敌之近，制敌之便，莫有如今日者也。

建都北京的最大缺点是北边粮食不能自给，必须仰给东南。海运有风波之险，由内河漕运则或有时水涸，或被“寇盗”所阻，稍有意外，便成问题：

今国家燕都可谓百二山河，天府之国，但其间有少不便者，漕粟仰给东南耳。运河自江而淮，自淮而黄，自黄而汶，自汶而卫，盈盈衣带，不绝如线，河流一涸，则西北之腹尽枵矣。元时亦输粟以供上都，其后兼之海运。然当群雄奸命之时，烽烟四起，运道梗绝，唯有束手就困耳。此京师之第一当虑者也。

要解决这两个困难，则第一必须大治河道，第二必须仍驻重兵于南京，镇压东南。成祖初年，转漕东南，水陆兼挽，仍元人之旧，参用海运，而海运多险，陆运亦艰。九年（1411）

命宋礼开会通河，十三年（1415）陈瑄凿清江浦，通北京漕运，直达通州，而海陆运俱废。运粮官军十二万人，有漕运总兵及总督统之。十九年（1421）迁都北京后，以南京为留都，仍设五府六部官，并设守备掌一切留守防护之事，节制南京诸卫所。

永乐元年（1403）以北平为北京。四年（1406）诏以明年五月建北京宫殿。十八年（1420）北京郊庙宫殿成，诏以北京为京师，不称行在。在实际上，自七年以后，成祖多驻北京，以皇太子在南京监国。自邱福征本雅失里汗败死后，五入漠北亲征。自十五年（1417）北巡以后，即不再南返。南京在事实上，从七年（1409）北巡后即已失去政治上的地位，十九年（1421）始正式改为陪都。迁都之举，当时有一部分人不了解成祖的用心，力持反对论调：

> 初以殿灾诏求直言，群臣多言都北京非便。帝怒，杀主事萧仪，曰："方迁都时，与大臣密议，久而后定，非轻举也。"

仁宗即位（1425）后，胡濙从经济的立场"力言建都北京非便，请还南都，省南北转运供亿之烦"。于是又定计还都南京，洪熙元年（1425）三月诏北京诸司悉称行在。五月仁宗崩，迁都之计遂又搁置不行。一直到英宗正统六年（1441）北京三殿两宫都已告成，才决定定都北京，诏文武诸司不称行在，仍以南京为陪都。

成祖北迁以后，三面临敌，边防大重。东起鸭绿，西抵嘉峪，绵亘万里，分地守御。初设辽东、宣府、大同、延绥四镇，继设宁夏、甘肃、蓟州三镇，又加上太原、固原，是为九边。每边各设重兵，统以大将，副以褊裨，监以宪臣，镇以开府，联以总督，无事则画地防守，有事则犄角为援。失策的是即位后即徙封宁王于江西，把大宁一带地，送给从征有功的朵颜卫，自古北口至山海关隶朵颜卫，自广宁前屯卫西至广宁镇白云山隶泰宁卫，自白云山以北至开原隶福余卫。而幽燕东北之险，中国与夷狄共之，胡马疾驰半日可抵关下。辽东广宁、锦义等城自此与宣府、怀来隔断，悬绝声不相联。又以东胜孤远难守，调左卫于永平、右卫于遵化而墟其地。兴和为阿鲁台所攻，徙治宣府卫城而所地遂虚。开平为元故都，地处极边，西接兴和而达东胜，东西千里，最为要塞。自大宁弃后，宣、辽隔绝，开平失援，胡虏出没，饷道艰难，宣德五年（1430）从薛禄议，弃开平，徙卫于独石。后来“三岔河弃而辽东悚，河套弃而陕右警，西河弃而甘州危”，国防遂不可问。初期国力尚强，对付外敌的方法是以攻为守，太祖、成祖、宣宗三朝并大举北征，以兵力逼蒙古人远遁，使之不敢近塞。英宗以后国力渐衰，于是只以守险为上策，坐待敌来，诸要塞尽弃而边警由之日亟。正统十四年（1449）瓦剌也先入寇围北京。嘉靖二十九年（1550）鞑靼俺答入寇薄都城。这两次的外寇都因都城兵力厚不能得志，焚掠近畿而去。崇祯十七年（1644）李自成北上，宣府和居庸的守臣都开门迎降，遂长驱进围北京，太监曹化淳又开门迎入，明遂亡。由此看来，假如成祖当时不迁都北京，自以身当敌冲，也许在前两次蒙古人入犯时，黄河以北已不可守，宋人南渡之祸，又要重演一次了。

明代的火器

火药从中国传到欧洲、东南亚、日本和世界各地。到十五世纪，中国又从安南（今越南）、葡萄牙、日本等国输入各种使用火药的火器。

明代最早的火器是从安南传来的，叫作神机枪、炮。

神机枪、炮用熟铜或生、熟赤铜相间铸造。也有用铁的，最好的是建铁，其次是西铁。大小不等，大的用车发，次和小的用架、用桩、用托，是当时行军的要器。明成祖非常重视这个新武器，特别组织了一支特种部队，叫神机营，并设监枪太监，是京军三大营之一。

永乐十年（1412）下令从开平到怀来、宣府、万全、兴和等山顶，都安放五个炮架，永乐二十年（1422）又增设了山西大同、天城、阳和、朔州等地以御敌。缺点是临时装火药，一发之后，装第二发要花很多时间。虽然威力大，敌人摸透了情况，临阵就趴在地上，到神机枪打出之后，立刻冲锋，火器就无从施展威力了。

古代战争是人和人面对面站着打的，有了远距离的火器以后，就非卧倒、趴在地上不可了。武器的改进也改变了战争的方式、方法。同时，在战争中战将和战士的武艺的比重，也逐渐为使用远距离的火器的熟练程度所代替了。

第一个帮助明成祖制造神机枪的是安南人黎澄。

其次是佛郎机，即今葡萄牙。正德十二年（1517）葡萄牙商船到广东通商，白沙巡检何儒买了他们的炮，就称这种炮为佛郎机。用铜制造，长五六尺，大的重一千多斤，小的重一百五十斤，巨腹长颈，腹部有长孔，藏子铳五个，装火药在腹中，射程达到一百多丈，是水战的利器。

正德十四年（1519）宁王宸濠反，福建莆田乡官林俊得到消息，连夜派人用锡制作了佛郎机的模型和火药配方，送给统帅王守仁，送到的时候，王守仁已经把宸濠俘虏了，没有用上。到嘉靖八年（1529）才正式制造，叫作大将军，发给各边镇用于防守。

倭寇侵扰中国，又从日本传入鸟嘴铳。唐顺之记其形制说：

佛郎机、子母炮、快枪、鸟嘴铳都是嘉靖时的新武器，鸟嘴铳最后出，也最厉害。铳以铜、铁为管，用木杆装管。中贮铅弹，所击人马洞穿。其点放之法，用手握铳，点燃药线。管背安雌雄两臬（瞄准器），用眼睛对臬，用臬对准所要射击的目标，对准了才发射，要打敌人的眉毛、鼻子，没有一失。快于神机枪，准于快枪，是火器中的最好的东西。

宋应星《天工开物》记鸟铳的制造方法很详细，说鸟雀在三十步内被铳击，羽肉皆碎。五十步外方有完形，百步以外，铳力微弱，便不行了。

到明末，又传入红夷炮，长两丈多，重的到三千斤，能够打穿城墙，声闻数十里。天启元年（1621）兵部建议，招寓居澳门、精于火炮的西洋人罗如望、阳玛诺、龙华民来内地制造铳炮。制成后命名为大将军，并派官祭炮。崇祯三年（1630）又派龙华民、毕方济到澳门买炮和招募炮手，西洋人陆若汉、公沙的西劳带领多名西洋人带铳炮应募，参加宁远、涿州等战役。天启六年（1626）明将袁崇焕守宁远，和清军作战，用红夷炮轰击敌人，打了一个大胜仗，就是著名的宁锦大捷。传说清太祖努尔哈赤就是被红夷炮打伤致死的。崇祯四年（1631）明将孔有德带着红夷炮投降清军，崇祯五年（1632）清也开始造炮。

现在陈列在北京故宫午门左右阙门的几尊古老的大炮，就是明、清战争的遗物。

戚继光练兵

戚继光是十六世纪后期抗倭的名将，谁都知道。但是他后来在北边十六年，训练边兵，保障国境安宁这一段史事，却被他以前抗倭的功绩掩盖了，不大为人所知。

隆庆二年（1568），戚继光以都督同知被任命为总理蓟州、昌平、保定三镇练兵事，负责北边边防。

在抗倭战争时代，卫所官军腐朽了，不能打仗了。戚继光招募浙江金华义乌一带农民，教以击刺法，长短兵迭用；又以南方多水田薮泽，不利于驰逐，就根据地形制定阵法；讲求武器精利，练成一支敢战能战的精兵，当时戚家军屡战屡胜的威名，是全国皆知的。

现在，他到北方来了，面对的地形有平原，有半险半易的地形，有山谷仄隘，各种地形都有。敌人呢，是擅长骑马射箭的，也和倭寇不同。用在南方打仗的一套办法来对付新的情况行吗？

经过调查研究，深思熟虑，他制定了一套新的训练办法。首先针对边军畏敌、争功的毛病，把军队重新加以组织，节制严明，有功必赏，有过必罚。行伍、旌旗、号令、行军、扎营都逐一规定了制度。每天下场操练，务要武艺娴熟。他指出：“教练之法，自有正门，美观则不实用，实用则不美观。”专拿应付上官检阅那一套来对付敌人是不行的。

为了在防御战上取得优势，他采用了骑、步、车、辎重结合的战术。还制定了阵法，在不同地形都可运用。吸收了和倭寇作战的经验，采用了敌人的武器倭刀和鸟铳，把原来的火器“大将军”、佛朗机、快枪、火箭等都加以改进和提高。长短兵迭用的原则进一步得到发挥。

更重要的是使将士和全军都有共同的目标和信念，在练了两年兵、修筑了防御工事以后，他大会诸将，登坛讲话，三天之内把所有问题都讲透了，要诸将回去以后传与军士，要人人信服，字字遵守，万人一心。同时编了一部《练兵实纪》分发给每队，每队择一识字人诵训讲解，全队口念心记，充分地做好思想教育工作。

为了给废弛已久的边兵以纪律的榜样，他调来浙江兵三千，刚到便在郊外等候检阅，恰好这天下大雨，从早到晚一刻不停，三千兵像墙一样站着，没有一个乱动的，边军看了，大吃一惊，才懂得什么叫军令、军纪。

在戚继光以前，守边的将军十七年间换了十个，大都是打了败仗换的。戚继光在边镇十六年，敌人不敢入侵，北边安定。他走了以后，继任者继承他的成规，也保持了边方几十年的安定。

经验是从实践中得来的，经过总结，提高成为理论。但是实际情况又千差万别，将此时此地的经验硬应用于彼时彼地，就非碰壁不可。这里又有因时、因地、因人制宜的问题。戚继光在南方、北方军事上的成功，原因是善于从实践中总结经验，更重要的是不以成功的经验硬用于不同的地点和敌人，而宁愿从头做起，以具有普遍性的理论原则来指导实践。在这一点上，戚继光练兵的故事在今天说来也还是可以给我们一些启示的。

古代的战争

在远距离的杀伤武器发明以前，战争是人与人的搏斗，枪、刀、箭、槊等都是手的延长。战将和士兵的体力，运用武器的熟练程度，武器的重量，和勇敢、机智的结合，在战争中发挥作用。

在战争进行中，士兵和士兵、战将和战将搏斗，面对面地厮杀，往往以伤亡较多的一方无力继续进行战斗而结束战局。

将军和将军的厮杀，通常要大战几百个回合。甲杀了乙或乙杀了丙，虽然不一定决定战争的胜负，但是，在有些场合，却也起着关键性的作用，特别是敌方的主将或骁将阵亡，失去指挥，影响士气，就非打败仗不可了。

小说和戏文上常常描写、演出战争，戏台上除了战争双方的队伍用几个战士作为大军的象征以外，战争展开的重点通常放在两方主将的搏斗上面，这种表现手法是有历史事实根据的。

在斗将的场合，有大战几百个回合之说，一个回合的意思是交手一次。战将无论骑将或步将，都得手执武器。两军相对，中间有一段距离，双方同时前进，到了面对面接触的程度，互用武器杀伤对方，一击不中，就得退回来，准备第二次的接触，这样一进一退，就叫一个回合。在生和死的搏斗中，手的长短也就是武器的长短、重量，是有极重要意义的。长枪、大刀、马槊等长武器要比用剑、短刀这类短武器更为优越，而更重要的则是使用武器的熟练程度、人的机智，这就要讲武艺了。同样的体力和武器，决定胜负的是武艺。战将为了保护自己，就得戴盔披甲，一副盔甲分量是很重的，骑将的马也得披甲，再加上武器本身的重量，没有极健壮的体力是支持不了的。在有些场合，斗到相持不下的时候，还得换马。也有这样一种情况，战将本人并未打败，只因马力乏了，或者马受伤了，进退不得，被敌方杀伤，吃了败仗。“射人先射马”，就是这个道理。

战争时用旗、金、鼓指挥，叫作三官。

旗是管节度的，大将有大纛，指挥全军；有方面旗，东碧、南赤、西白、北黑、中黄，指挥各方。因为人多距离远，讲话听不见，走马传令费时间，就用旗来指挥：中央旗挥动，全军集合，旗俯即跪，旗举即起，卷旗衔枚，卧旗俯伏，见敌旗三挥，布阵旗左右挥。方面旗举，方面兵急需装束，旗俯即进，旗竖即住，旗卧即迴。召将用皂旗，一点皂旗队头集，两点皂旗百人将集，三点皂旗五百人将集，一点一招千人将集。

金、鼓管进退，击鼓进军，鸣金退军。

击鼓三通共千槌，一通三百三十三槌（一说是三百六十五槌）。行军平时挝鼓吹角戒严，吹角一十二变为一叠，鼓音止，角音动，一昼夜三角三鼓。大将以下都按级别备金鼓，遇有紧急事故，先头部队击鼓报警，全军就进入战争准备状态了。

杀败敌人以首级论功，是沿袭秦的制度——杀一个敌人赐爵一级来的。

报功和发表战绩时也照例要夸大一番，以一为十，例如杀敌百人，露布上必定要写千人之类。

帅旗是中军所在的标识，也是全军指挥的中心，帅旗一倒，全军就失去指挥，陷于混乱。以此，夺取敌方的帅旗也就成为古代战将的主要目标了。

明代的军与兵

明初创卫所制度，划出一部分人为军，分配在各卫所，专负保卫边疆和镇压地方的责任。军和民完全分开。中叶以后，卫军废弛，又募民为兵，军和兵成为平行的两种制度。

军是一种特殊的制度，自有军籍。在明代户口中，军籍和民籍、匠籍平行，军籍属于都督府，民籍属于户部，匠籍属于工部。军不受普通行政官吏的管辖，在身份、法律和经济上的地位都和民不同。军和民是截然地分开的。兵恰好相反，任何人都可应募，在户籍上也无特殊的区别。军是世袭的、家族的、固定的，一经为军，他的一家系便永远世代充军，住在被指定的卫所。直系壮丁死亡或老病，便须由次丁或余丁替补。如在卫所的一家系已全部死亡，还须到原籍勾族人顶充。兵则只是本身自愿充当，和家族及子孙无关，也无固定的驻地，投充和退伍都无法律的强制。军是国家经制的、永久的组织，有一定的额数、一定的戍地。兵则是临时招募的、非经制的，无一定的额数，也不永远屯驻在同一地点。

在明代初期，军费基本上是自给自足的，军饷的大部分由军的屯田收入支给。在国家财政的收支上，军费的补助数量不大。虽然全国的额设卫军总数达到二百七十余万的庞大数字，国家财政收支还能保持平衡。遇有边方屯田的收入不敷支给时，由政府制定“开中”的办法，让商人到边塞去开垦，用垦出的各物来换政府所专利的盐引，取得买盐和卖盐的权利。商人和边军双方都得到好处。

兵是因特殊情势，临时招募的。招募时的费用和入伍后的月饷都是额外的支出。这种种费用原来没有列在国家预算上，只好临时设法，或加赋，或加税，或捐纳，大部由农民负担。因之兵的额数愈多，农民的负担便愈重。兵费重到超过农民的负担能力时，政府的勒索和官吏的剥削引起农民的武装反抗。政府要镇压农民，又只好增兵，这一笔费用还是出在农民身上。

卫所军经过长期的废弛而日趋崩溃，军屯和商屯的制度也日渐破坏，渐渐地不能自给，需要由国家财政开支。愈到后来，各方面的情形愈加变坏、需要国家的财政供给也愈多。这费用也同样地需由农民负担。同时又因为军力的损耗，国防脆弱，更容易引起外来的侵略。卫军不能作战，需要募兵的数量愈多。这两层新负担，年复一年的递加，国家全部的收入不够军兵费的一半，只好竭泽而渔，任意地无止境地增加农民的负担，终于引起历史上空前的农民暴动。政府正在用全力去镇压，新兴的建州却又乘机而入，在内外交逼的情势下，颠覆了明室的统治权。

除中央的军和兵以外，在地方的有民兵、民壮（弓兵、机兵、快手）、义勇种种地方警备兵。在边地的有土兵（土军）、达军（蒙古降卒）。在内地的有苗兵、狼兵（广西土司兵）、土兵等土司兵。将帅私人又有家丁、家兵、亲兵。各地职业团体又有由矿工所组织的矿兵，盐丁所组织的盐兵，僧徒所组织的少林兵、伏牛兵、五台兵。也有以特别技艺成兵的，如河南之毛葫芦兵、习短兵，长于走山；山东有长竿手；徐州有箭手；井陉有蚂螂手，善运石，远可及百步；福建闽漳泉之镖牌兵；等等。

从养军三百万基本上自给的卫兵制，到军、兵费完全由农民负担，国库支出；从有定额的卫军，到无定额的募兵，从世袭的卫军，到雇用的募兵，这是明代历史上一件大事。

次之，军因历史的、地理的、经济的关系，集中地隶属于国家。在战时，才由政府派出统帅总兵，调各卫军出征。一到战事终了，统帅立刻被召回，所属军也各归原卫。军权不属于私人，将帅也无直属的部队。兵则由将帅私人所招募、训练，和国家的关系是间接的。兵费不在政府的岁出预算中，往往须由长官向政府力争，始能得到。同时兵是一种职业，在中央权重的时候，将帅虽有私兵，如嘉靖时戚继光之戚家军，俞大猷之俞家军，都还不能不听命于中央。到明朝末年，民穷财尽，内外交逼，在非常危逼的局面下，需要增加庞大的兵力，将帅到处募兵，兵饷都由将帅自行筹措，发生分地分饷的弊端，兵皆私兵，将皆藩镇，兵就成为扩充将帅个人权力和地位的工具了。

郑和的七次下西洋

郑和出使南洋，第一是经济的原因。

明初对南洋诸国的态度，从明太祖的消极的保境安民政策，突转为明成祖的积极经营海外政策，实有其内在的原因。自太祖建国后，连年征战，北征蒙古，东南防倭，西南蕃蛮迭次叛乱，加以宫室城庙的营建，诸王就封的王府营造，国帑空虚，民生凋敝。至建文帝（1398—1402 在位）继位以后，靖难师起，转战四年，赤地千里。成祖继位后，遂突转而向南洋发展，以国产的锦绮瓷漆，易取南洋的香药宝货。一以阻钱货的外流，一以补国家之府库，虽输入多属奢侈品，如黄省曾所记：

太宗皇帝入缵丕绪，将长驭远驾，通道于乖蛮革夷，乃大赍西洋，贸采琛异……由是明月之珠，鸦鹘之石，沈南龙速之香，麟狮孔翠之奇，梅脑薇露之珍，珊瑚瑶琨之美，皆充舶而归。

而贫民博买，图之致富，国家府库，因之羡裕。严从简云：

自永乐改元，遣使四出，招谕海番，贡献迭至，奇货重宝，前代所希，充溢府库。贫民承令博买，或多致富，而国用亦羡裕矣。

且“夷中百货，皆中国不可缺者，夷中欲售，中国必欲得之”。反之，国库的锦绮瓷漆，其于南洋诸国亦然。沿海居民，多恃入海博易为生计，一旦禁断，无所资生，往往流为海寇，张燮云：

海滨一带，田尽斥卤，耕者无所望岁，只有视渊若陵，久成习惯。富家征货，固得捆载而归，贫者为佣，亦博升斗自给。一旦戒严，不得下水，断其生活。若辈悉健有力，不肯搏手困穷，于是所在连接为乱，溃裂而出。

要解决沿海平民的生活，和消除海寇的来源，也不能不开海通商，使公私都得其所。

第二是政治的原因。

郑和之出使，负有秘密使命，郑晓说：

高皇何以有海外之使也？更始也。成祖西洋之，不已劳乎？郑和之泛海，胡濙之颁书也，国有大疑焉耳。

所谓大疑，《明史·郑和传》已明白指出：

成祖疑惠帝亡海外，欲踪迹之。且欲耀兵异域，示中国富强。永乐三年（1405）六月命和及其侪王景弘等通使西洋。

次之，自洪武末年以来，西南诸国久不通贡。成祖是一个好大喜功的英主，他要恢复洪武初年诸蕃朝贡的盛况，令海南诸国，都稽首阙下，同为王臣。所以一即位便先派中官尹庆、马彬等遍使诸国，告以新帝的登基。接着便派郑和带船队出去，有不听命朝贡者便用武力解决。

在郑和所率领的船队未出发之前二年，政府已着手大造海船，以其为下西洋取宝之用，又称宝船，或称宝舡。其承造者或为军卫有司，或为工部，后又设大通关提举司，专造舟舰，世称宝船厂。所造船，大船长四十四丈四尺，阔一十八丈；中船长三十七丈，阔一十五丈。就第一次远征军之人数计之，每船平均可载四百五十人左右。远征军之组织除使臣外，有“官校、旗军、火长、舵工、斑碇手、通事、办事、书算手、医士、铁锚木艌搭枋等匠、水手、民梢人等”。平均每次出发之人数，约为二万七八千人左右。军士大抵由南京及直隶卫所运粮官军和水军右卫等卫官军中临时抽调，将校亦由各卫军官中选用。当时南洋诸国大抵多奉回教，故远征军中之通事多为回教徒，今可知者有会稽马欢、仁和郭崇礼[①]，西安羊市大清真

① 马欢和郭崇礼曾于永乐十一年（1413）、永乐十九年（1421）、宣德六年（1431）三次随使下西洋。马欢还根据沿途的所见所闻，撰写了一本海外见闻录《瀛涯胜览》。

寺掌教哈三。郑和本人也是回教徒；亦奉佛教，受菩萨戒。其幕下书手有太仓费信，应天巩珍，都有纪行书传世。南洋诸国也有奉佛教的，故在第四次出发时，有僧人胜慧同行。前后同奉命出使的使臣有内官王景弘、侯显、杨庆、洪保、杨敏、李恺、李兴、朱良、杨真、周福、张达、吴忠、用济、王贵通诸人。将校中在锡兰山、苏门答腊两次战役中有功者，有李实、何义宗、彭以胜、林全、唐敬、王衡、林子宣、胡复、哈只、陆通、马贵、张通、刘海、朱真诸人。

郑和，云南昆阳州人。本姓马，祖、父都是回教徒。其被阉入宫，当在洪武十五年（1382）傅友德、沐英定云南时，年约十岁。事燕王于藩邸，从起兵有功，永乐二年（1404）正月初一日御书郑字，赐以为姓，乃名郑和。累擢至内官监太监。身长七尺，腰大十围。公勤明敏，谦恭谨密。姿貌才智，内侍中无与比者。永乐三年（1405）六月受命出使西洋，带领空前绝后之远征军作第一次航海壮举。

第一次远征军航行印度洋，“多赍金币，遍历诸番国，宣天子诏，因给赐其君长”。率领将士卒二万七千八百余人，分乘六十二艘长四十丈、宽十八丈的大舶，艨艟蔽天，金甲耀日，所到处有不服从的便用武力解决。当时印度洋上海盗纵横，剽掠商旅，各国入贡的使臣也被其邀劫，这次远征，也附有肃清海盗、开通航路的使命。

自唐、宋以来，三佛齐即为东西贸易之中心。至明代仍为“诸蕃要会”。故我国人侨居者最多。在郑和未出使以前，有梁道明雄长其地。《明史》记：

有梁道明者，广州南海县人。久居其国，闽粤军民泛海从之者数千家，推道明为首，雄视一方。会指挥孙铉使海外，遇其子挟与俱来。永乐三年（1405）成祖以行人谭胜受与道明同邑，命偕千户杨信等赍诏招之。道明及其党郑伯可随入朝贡方物，受赐而还。

又有陈祖义亦广东人，亦为旧港头目，远征军过苏门答腊时，祖义出降，遣使入贡。一面仍为盗海上，远征军回帆时，复谋邀劫，被擒伏诛。梁道明的副手施进卿以助诛陈祖义有功入朝，授旧港宣慰使司宣慰使。这是我国在海外所设立的第一个正式保护侨民的官署。施进卿是侨民中第一个为政府所任命的保侨官吏。

第一次远征军于永乐五年（1407）九月返国。在海上往返之三年中，曾至爪哇、苏门答腊、南巫里、古里、锡兰、满剌加诸地。经过爪哇时，遇爪哇内乱，官军登岸为爪哇兵所杀，爪哇王大惧，上表谢罪，次年遣使献黄金万两赎罪。郑和一行人之使命，第一次远航即得满意收获，海盗肃清，航路无阻。永乐六年（1408）九月癸亥，复奉命统领官兵，驾驶海舶四十八号，赍敕使古里、满剌加、苏门答腊、阿鲁、加异勒、爪哇、暹罗、占城、柯枝、阿拨把丹、小阿兰、南巫里、甘巴里诸国，赐其王锦绮纱罗。

第二次远征军归来时，经过锡兰国，锡兰国王亚烈苦奈儿发兵拦劫，为郑和所败，生擒亚烈苦奈儿回国献俘。《明成祖实录》记：

永乐九年（1411）六月乙巳，内官郑和等使西洋诸番国还。献所俘锡兰山国王亚烈苦奈儿并其家属。和等初使诸番，至锡兰山，亚烈苦奈儿悔慢不敬，欲害和，和觉而去。亚烈苦奈儿又不辑睦邻国，属邀劫其往来使臣，诸番皆苦之。及和归，复经锡兰山，遂诱至国中，令其子纳颜索金银宝物，不与。潜发番兵五万余劫和舟，而伐木拒险，绝和归路，使不得相援。和等觉之，即拥众回船，路已阻绝。和语其下曰："贼大众既出，国中必虚，且谓我客军孤怯，不能有为，出其不意攻之，可以得志。"乃潜令人由他道至船，俾官军尽死力拒之。而躬率所领兵二千余由间道急攻王城，破之，擒亚烈苦奈儿并其家属头目。番军复围城，交战数合大败之。遂以归。群臣请诛之，上悯其愚无知，命姑释之，给与衣服。命礼部议择其属之贤者，以承国祀。

礼部询所俘锡兰国人，国人皆举耶巴乃那。永乐十年（1412）复遣郑和使西洋封耶巴乃那为锡兰国王，号不剌葛麻巴忽剌查。

远征军至苏门答腊时，王子苏干剌以赏赐不及，举兵邀杀，又为郑和所擒，献俘阙下，国威大震。《明成祖实录》记：

十三年（1415）九月壬寅，郑和献所获苏门答腊贼酋苏干剌等。初和奉使至苏门答腊，赐其王宰奴里阿必丁（ZaynuL-Abtidin）纸币。苏干剌乃前王弟，方谋弑宰阿必丁，以夺其位。且怒使赐不及己，领兵数万邀杀官军。和帅众及其国兵与战，苏干剌败走。追至浡利国，并其妻子俘以归。至是献于行在。兵部尚书方宾言："苏干剌大逆道，宜付法司正其罪。"遂命刑部按法诛之。

此行据马欢所撰《纪行诗》及《明史·外国传》之记载，凡占城、阇婆、三佛齐、苏门答腊、锡兰、柯枝、古里、五屿、溜山、忽鲁谟斯、加异勒、彭亨、急兰丹、阿鲁、南渤利诸国，均为航线所经，始越过印度南境，到波斯湾中。

第三次航行返国时，诸蕃国使臣随同朝贡。永乐十四年（1416）十二月郑和又奉命赍敕及锦绮纱罗等物，偕请蕃国使臣，赐各国王。做第四次之远征。此次航程除遍历前三次所经国家外，并曾到过阿丹、不剌哇、麻林、沙里湾泥、木骨都束、剌撒，横断印度洋而远至于非洲。于永乐十七年（1419）七月返国。忽鲁谟斯、阿丹等十六国使臣随来朝贡。

永乐十九年（1421）正月郑和等又奉命做第五次之航行，赐各国国王以锦绮纱罗，并送十六国使臣返国。这一次航行又到了非洲东岸的木骨都束和不剌哇，阿拉伯沿岸的祖法儿、阿丹。永乐二十年（1422）八月壬寅还，暹罗、苏禄、苏门答腊、阿丹等国都遣使随贡方物。

永乐二十二年（1424）正月旧港酋长施济孙遣使请袭宣慰使职，三月郑和又奉命做第六次之航海。回国时明成祖已经晏驾，仁宗（1424—1425 在位）继位，罢西洋宝船，洪熙元年

（1425）二月命和以下番诸军守备南京。仁宗宽宏仁厚，是一个守成的中主，在位不到一年便死了。宣宗（1426—1435在位）继位。这个青年皇帝从幼便为祖父所钟爱。在性格和魄力方面，也受了他祖父的遗传，很是精明强干。宣德五年（1430）六月，帝以外蕃贡使多不至，遣和及王景弘遍历诸国，又奉命风尘仆仆做最后一次的远征。据祝允明所记此次航海里程，郑和所率领之舰队，以宣德五年（1430）闰十二月六日于南京龙湾开舡，然据《明成祖实录》则宣德六年（1431）二月中，曾令满剌加使臣附郑和舟返国。由是可知历次舰队均系分别出发，故满剌加使臣得附后发宝船还国。主队出发时，并曾派分队到古里，由古里再派人带货物到天方贸易。全队于宣德八年（1433）七月六日回京。

第七次远征军返国后的第三年，宣宗崩，英宗（1436—1449，1457—1464在位）冲龄继位，杨士奇、杨荣、杨溥诸老臣当国，主少国疑，于是又回到了太祖时代的保守政策，不想再向海外发展。同时郑和也是六十几岁的老头子了，不能再做远行，三十年来的海外活动于此告一结束。《明史》说：

和经事三朝，先后七奉使，所历占城（Campa）、爪哇（Java）、真腊（Kemboja）、旧港（Palembang）、暹罗（Siam）、古里（Calicut）、满剌加（Malacca）、渤泥（Borneo）、苏门答腊（Atcbeb）、阿鲁（Aru）、柯枝（Cochin）、大葛兰、小葛兰（Quilon）、西洋琐里（Chola）、加异勒（Cail）、阿措把丹、南巫里（Lambri）、

甘把里（Koyampadi）、锡兰山（Ceylon）、喃渤利（即南巫里）、彭亨（Pahang）、急兰丹（Kelantan）、忽鲁谟斯（Hormuz）、比剌（Brawa）、溜山（Maldives）、孙剌（Sofala）、木骨都束（Mogadishu）、麻林（Malinde）、剌撒、祖法儿（Djofar）、沙里湾泥（Sharwayn）、竹步（Juba）、榜葛利（Bengala）、天方（Mekka）、黎代（Lide）、那孤儿（Battak），凡三十余国。所取无名宝物，不可胜计，而中国耗费亦不赀。自宣德以还，远方时有至者，要不如永乐时，而和亦老且死。自和后凡将命海表者，莫不盛称和以夸外番，故俗传三保太监下西洋，为明初盛事云。

明初出使海外著劳绩的，还有太监杨敕（敏）、侯显、尹庆诸人。杨敕于永乐十年（1412）奉使往榜葛剌等国，永乐十二年（1414）还京。侯显接着也出使榜葛剌、沼纳朴儿，令两国罢兵。后又命周鼎等往使。尹庆于永乐元年（1403）九月使满剌加、柯枝诸国。永乐三年（1405）九月返国，苏门答腊酋长宰奴里阿仲丁、满剌加国酋长拜里迷苏剌、古里国酋长沙米的俱遣使随还朝见。诸俱封为国王，与印诰，并赐彩币袭衣。复命尹庆往使。尹庆第一次出使满剌加时，内官马彬亦同时被命使爪哇、西洋、苏门答腊诸蕃。后又数奉命使占城。张谦于永乐八年（1410）与行人周航使浡泥国，永乐十年（1412）、十四年（1416）、十八年（1420）又奉使往使，永乐十五年（1417）九月又出使古麻剌郎国。杨庆于永乐十八年（1420）奉命往西洋公干，洪保于次年奉命送各蕃国使臣回还。吴宾于永乐初曾使爪哇。永乐三年（1405）朝使曾往招谕吕宋、麻叶瓮、番速儿、来囊葛卜、南巫里、娑罗六国。朝臣奉使西洋者有闻良辅、宁善、王复亨、马贵诸人。

第四编

经济的变革

历史带来的机遇和挑战

西汉的经济政策

西汉时代，去古不远。其所秉承的传统政策，多含有历史的背景及经济学说的根据。自公元前 200 年至 20 年，二百二十年中所保持的农本主义、困商政策，颇见显著的效果。至于含有时间性的经济恐慌期的经济政策，如征盐铁、榷酒酤、鬻爵、平准，以遭儒家反对，虽收暂时的成效于当时，而随设随废，未足以概论西汉一代也。今将各说之学理上的根据及其效果，分别论之如下。

农本主义

《尚书·洪范》八政，首列食货，《白虎通》曰："古之人民皆食禽兽肉，至于神农，用天之时，分地之利，制耒耜，教民农作。"农民虽不必起于神农时代，然亦可见其由来之远矣。《管子》曰："民无所游食，必农，民事农则田垦，田垦则粟足，粟足则国余。"《食货志》曰："食足货通，然后国实民富而教化成。"以农为富国之本，教化之原。《礼记·王制》曰："国无九年之蓄曰不足，无六年之蓄曰急，无三年之蓄，曰国非其国也。"《食货志》曰："余三年食，进业曰登，再登曰平，余六年食，三登曰泰平。二十七岁遗九年食，然后至德流洽，礼乐成焉。”衣食足而知荣辱，储蓄备而无饥寒，政教之本，端在于农。《易》曰：“天地之大德曰生；何以聚人曰财。”班固释之曰：“财者，帝王所以聚人守位，养成群生，奉顺天德，治国安民之本也。”神农之教曰：“有石城千仞，汤池百步，带甲百万而亡粟，勿能守也。”一切的治国安民、教育、礼乐、军事，都与农业有连带关系。农本主义为古代学者同政治家的唯一的国家政策，也是西汉及后代所奉行不二的国家政策。

大城市的集中，商业的得势，都与农本主义的发展相冲突，古代的学者都抱着同一见解，以为农商势不并进，要使农业发展，必须设法使商业失势，因此设立农业保护法以救济之，换言之，就是困商政策。

困商政策

中国在公元前 1500 年，农业已具雏形，历来的学者及政治家都以商人的不劳而获为可鄙。《孟子 · 公孙丑》：“有贱丈夫焉，必求垄断而登之，以左右望，而罔市利，人皆以为贱，故从而征之，征商自此贱丈夫始矣。”这是征商说的起因，在这时代的民众心理，只以商人之罔利为贱。以其贱故征以税，《管子 · 八观》：“悦商贾而不务本货，则偷处而不务积聚。”以商贾为妨农之务的观念，《商君书 · 算地》：“技艺之士用，则民剽而易徙，商贾之士佚且利，则民缘而议其上。”贱工为其易徙，贱商为其议上。《商君书 · 垦令》：

“重关市之赋，则农恶商……有疑惰之心，农恶商，商疑惰，则草必垦矣。”重赋税使商农交恶，以利农作，这是汉代困商政策的渊源。《汉书·高帝纪》（第一卷）：“贾人毋得衣锦绣绮绨纻縠罽操兵乘骑马。”《汉书·惠帝纪》（第二卷）：“应劭曰：汉律人出一算，算百二十钱，唯贾人与奴婢倍算。”《食货志》：“孝惠高后时为天下大定，复弛商贾之律，然市井子孙不得为官吏。”《汉书·晁错传》：“秦民见行，如往弃市，因以谪发之，名曰谪戍。先发吏有谪及赘婿贾人，后有常以市籍者，又后以大父母常有市籍者。”视商人等于奴婢，不能享受社会上一般人所享受的权利，商人别有贱籍，连大父母有市籍的都不免充军遣戍的苦差，在经商的时候，又是苛税横加，被人贱视，汉代商业之不振，自在意中。但是推《史记》中《货殖列传》《平准书》两篇的记载，则大企业家仍复雄视一世，可知当时困商政策之施行，被排挤被淘汰的只是些小企业家、小资产阶级。据经济学原理，资本集中，则小企业不振；据社会学原理，大城市集中发展，则乡村衰落。试按元始二年郡国户口统计，则二百万口以上之郡国占百分之三，百五十万口以上之郡国占百分之五，百万口以上之郡国占百分之六，五十万口以上之郡国占百分之三十，人口集中之原因，虽半由于移民之频数，其大半原因则在于商业的发展。由此可见困商政策之施行，实为失计，因为农作物的输入市场与得相当的酬报，势必有待于商人，农业与商业，实有相当的密切关系，故虽禁令频施，困辱备至，而其所因辱者，亦只肩挑贩卖的小商人与间接受损害的农人而已。

鬻爵

文帝时贾谊、晁错主张农本政策。谊劝帝躬耕籍田，以劝百姓而崇积聚。错复上重农贵粟之书，请令募天下入粟子边，得以拜爵除罪。其言曰："方今之务，莫若使民务农而已矣。欲民务农，在于贵粟……以粟为赏罚。今募天下入粟县官，得以拜爵，得以除罪……取于有余，以供上用，则贫民之赋可损；所谓损有余补不足，令出而民利者也……爵者上之所擅，出于口而无穷，粟者民之所种，出于地而不乏，粟足支一岁以上，可时赦，勿收农民租。"文帝从之，令民入粟输边及郡县，得以取爵赎罪。景帝时复修卖爵令，而裁其价以招民。武帝时置武功爵，以奉战士。原晁错之意，以为用不值钱不费力的爵位去换豪强富民之粟，调剂贫富，着实上算。可是"豪强占田逾多，浮客输太半之赋，官家之惠，优于三代，富室之暴，酷于亡秦，虽屡蠲租税，而惠不及于齐民。其所流被，适足以豪强而已"。平民不得沾除租税之实惠，豪强转以吞并小资产阶级，豪强越富，贫民越多，与晁氏初愿，适得其反，或亦非创议者所能预料的吧！

平准

平准均输，是汉代第一大经济政策，国家穷乏，金融恐慌，社会摇动诸不安现象，都靠着平准而得暂时的救济。武帝时桑弘羊为大农中丞，令当诸所输于官者，皆令输其土地所饶，平其所在时价，官吏于他处卖之，输者便而官亦有利。元封中弘羊为治粟都尉，请置大农部丞数十人，分部主郡国，各置均输盐钱官。又令远方各以其物，如异时商贾所转贩者为赋，而相灌输，置平准于京师，尽集天下之货物，贵则卖之，贱则买之，故抑天下之物，名曰平准。一岁之中，太仓甘泉皆满，诸边有余谷，均输帛五百万匹，民不益赋而天下用饶。到昭帝时，儒家同法家曾经为施行平准而发生很激烈的争论。究之中国虽以农业立国，而商业亦与农业有相当的交互关系，大企业家过分地操纵社会，破坏农业经济，固属不可；国家经营大商业，而无保护小商人的方法或救济之于后，以国家的财富与势力和小民争利，亦属过当。平准之制，虽收效果于目前，要亦不可施之久远。否则，社会上之失业者将日益增加，社会的进步将因之阻滞，而农业将亦无兴盛之可能矣。

征盐铁

齐制盐出官鬻，铁止重征。孝惠高后时，豪强大贾、得管山海之利，采铁鼓铸煮盐，富甲天下，而不佐公家之急。武帝时大兴征伐，财用匮竭，乃令管干盐铁，募民自给费，因官器做煮盐，官与牢盆，敢私铸铁器鬻盐者左趾，没入其器物。又置大农部丞数十人，分部主郡国名，往往均输盐铁官，郡不出铁者置小铁官，置盐官者凡二十八郡，置铁官者凡四十郡，除故盐铁家富者为吏，吏益多贾人，然官作盐铁苦恶，价贵，强令民买之，郡国多不便。昭帝始元六年（公元前 81），诏减天下盐价，元帝时尝罢盐铁官，三年又复之。终西汉之世，盐铁专卖之利，终未下溢。原盐铁之用，无间贫富，以百分率计，贫者之数约当富豪之百倍，征富一而贫民百，贫民愈贫，而富人愈得收其操纵之效，是以现代世界各国无征盐铁者，而我国沿汉之旧，且以盐税为岁入之大宗。朘削贫民，以益国库，良为经济学者所不取也。

榷酒酤

酒酤之禁，由来甚古，其义有二：A. 恶其乱性；禹恶旨酒，文王酒诰之意是也。B. 恐其糜粟以病民。武帝天汉三年（公元前 98）初榷旨酒酤，昭帝始元末，丞相车千秋奏罢酒酤费酒斗四钱，始由政府专卖制一变而为征税制。王莽时始立法，官自酿酒卖之。以二千五百石为一率，开一垆以卖，月雠五十酿为准。一酿用粗米二斛麴一斛，得成酒六斛六斗。除米麴本价，计其利而什分之，以其七八官，其三及糟截灰炭给工器薪樵之费，于是置命士督五均六斡而民愈病。莽败，此制亦旋废。

从商品生产想到中国商人的起源

最近，人们在学习政治经济学的时候，对商品生产问题很有兴趣。从商品生产，就会想到“商”字，就会想到“商人”这一名词。“商人”这一名词是怎么来的呢？从历史文献看，商人在中国，是有很悠久的历史了。

《史记·郑世家》说郑桓公友为周幽王司徒，和集周民，周民很喜欢他，河洛之间的人民都想念他。后来郑桓公带领一部分周民东迁到洛水以东，立国于新郑，这一部分周民就定居下来了。

周民中一部分会做买卖的商人，即殷遗民。

殷遗民即商人，被集中在成周即今洛阳的经过是这样的：

武王伐纣，取得胜利以后，周虽然取得了统治权，但东方殷人的实力并未被完全摧毁。控制的办法是分而治之，派兵镇压。把殷的中心河内地区分为三国，邶封给纣子武庚，鄘以武王弟管叔为尹，卫以武王弟蔡叔为尹，叫作三监。管蔡二叔统率周的军事力量，是镇压殷民、监视武庚的。到武王死，成王还幼小，周公执政，管蔡二叔和武庚联兵反叛，周公东征平定，建立洛阳为镇压东方的军事中心，叫作成周。把殷民迁到洛阳。《尚书·多士》：“成周既成，迁殷顽民。”《毕命》：“毖殷顽民，迁于洛邑。”又把部分殷遗民分散到各地去，如以原来商、奄之民封周公子伯禽，建鲁国；又赐以殷民六族。

于原来殷墟封武王少弟康叔，又赐以殷民七族。或编入军队，如伯懋父敦盖“王命伯懋父以殷八自征东夷”等。

殷遗民被强迫集中在洛阳，周人叫他们作顽民，经常被召集训话，不许乱说乱动，过着被监视的生活。殷遗民是周民的一部分，却被另眼相看。他们既无政治权利，又失去了土地，怎么过日子呢？只好东跑西跑做买卖。这一行业周的贵族不屑做，庶民要种地不能做，而又为社会所需要，日子久了，商业便成了殷遗民的主要行业。

殷遗民怎么会叫作商人呢？这是因为殷是盘庚迁亳以后的称呼，在盘庚以前几百年原来是叫商的。契封于商，商是地名，商人之名是从商这个地名转为朝代名而来的。盘庚以后，虽然改称殷了，但习惯上还保存着商的称呼。殷、商兼称，殷人即商人。直到《尚书·多士》，在周王朝对“殷顽民”的训词中，还称殷的首都为“天邑商”呢。

据文献、甲骨文和殷墟遗物的情况来看，商朝已经有了货币，用贝以朋计算，有来自各地的许多商品，商业是相当发达的。

所以商人这一名词出于商朝的人，从周人的角度说，商人是“顽民”，是被另眼相看的人，但也是被社会需要的人。商人（做生意的人）出于商人（殷遗民）。共处日子久了，郑国内商人保证不造反了，民族的界限逐渐泯灭了，周人中也有人来参加商业活动，甚至某些贵族也来做买卖了，这样，商人就失去了原来“顽民”的意义，成为从事商业活动的职业的专称，成为古代封建社会士、农、工、商四民之一了。

郑国的商人

春秋时代郑国的商人最活跃。《左传》里曾有记载。最有名的是弦高犒师的故事。秦兵偷袭郑国，经过滑国的时候，郑商人弦高到周去做生意，路上碰到敌兵，弦高急中生智，用十二头牛劳军。秦军以为郑国有备，只好灭滑而还［僖公三十三年（公元前 627）］。其次是晋国荀罃被楚国俘虏，郑国的贾人打算把他夹带在贩运的棉衣中偷运出境。已经准备好了，楚国却释放荀罃回国。后来郑贾人到晋国做买卖，荀罃很感激他，十分热情地款待。郑贾人过意不去，转到齐国做买卖去了［成公三年（公元前 588）］。从这两个故事看来，郑国商人北到周，南到楚，西到晋，东到齐，不但到处做生意，而且气派很大，一个假冒他的国家慰劳敌军，一个帮助晋国将领逃亡，都不是做小买卖的人所能干的。

还有，商人这一行业似乎还被社会尊重，有人取作名字，齐国一个贵族就名叫商人［文公三年（公元前 624）］。至少地位在皂隶之上，排列的顺序是庶人、工、商、皂隶、牧、圉［襄公十四年（公元前 559）］。当然，排列的地位在庶人、工之下，看来贵族是不屑于干这一行的。他们在社会上起互通有无的作用，所以有“同恶相求，如市贾焉”的话［昭公十三年（公元前 529）韩宣子语］。

为什么郑国的商人最活跃呢？第一是郑国的地理位置适中，郑国位于济、洛、河、颍四水之间，以今河南新郑为首邑，水陆交通便利，为南北必经的要道。郑的商人如前所说，足迹遍及齐、周、楚、晋。虽然在军事、政治上郑介于齐、秦、晋、楚几大国之间，齐楚、晋楚争霸，都要先打郑国，长期间两面挨打，是霸国必争之地，但在经济上却大占便宜；郑的商人转运各国商品，在当时国际上很吃得开，郑国也得到好处。第二是人的因素，这就牵涉商人这一名词的由来了。《左传》昭公十六年（公元前526）记载了一段极有意义的故事：

晋国韩起（宣子）到郑国聘问。他有一个玉环，另外相同的一个在郑国商人手上。想拼齐一对，和郑的国君商量。郑国执政子产不答应，说："这不是官府的东西，情况不了解。"

韩起只好向商人去买，已经成交了。商人说："还得告诉一下政府。"

韩起再和子产商量。子产说："从前我先君桓公和商人都是从周来的。肩并肩地劳作，斩除蓬蒿藜藋，共同开发这个地方，建立城市，共处得很好。还立了盟誓，世代相守，一直到今天。誓约说：'你不要造反，我也不强买，也不取讨和抢劫你的东西。你发了财，有利市宝贿，我也不干预。'现在你是为友好来访问的，却要敝邑强夺商人的货物，这不是明叫我们破坏盟誓吗？怕不大好。我想你得了环，却失了诸侯，一定不干。"

第三是商品生产的发达，当时的社会生产状况，已经突破了地区性的自足自给的经济情况。只有在商品生产超过自给自足的基础上，才会有大规模的地区间的广泛交换的可能。从《左传》的记载看，虽然只提到郑、晋、齐、周、楚之间的商品交换，但是，事实上绝不只这些地区，是可以想见的。虽然只提到郑国商人的多地区的商品交换，但是，也可以肯定，别国的商人，也是在同样情况下，在进行多地区间的商品交换的。

这几个故事说明：第一，郑的商人是和郑的开国国君一起从周来的，共同开发了郑国。第二，郑国国君和商人订了盟誓，内容是商人保证不造反，支持郑君，郑国呢，保护商业，一条条规定了明确保护办法。由此可见，除了农业以外，郑国从开国以来，就一直依靠商人，发展商业，取得国内和国际商品交换的利益，也可以看出，在春秋时代，虽然郑国所受战争的祸害最多最大最久，却终能勉强站住，一直到三家分晋以后才为韩所灭。第三，是春秋时代的商品生产和商品交换的情况。虽然，在长期间各国之间不断发生战争，但是，并没有完全妨碍各国间商人的商品交换活动。从情况中，也可看出当时社会生产力的发展情况。

宋代两次均产运动——人民的历史之一章

10 世纪末年（993—995），四川成都平原爆发了伟大的农民均产运动。

12 世纪初期（1130—1135），湖南洞庭湖一带产米区又爆发了和上次意义相同的运动。

在地主官僚贵族的高压统治之下，有组织的正规军，犀利的武器，加上全国的财力，这两次均产运动当然是被“肃清”了。失败的鲜血在历史上写下了辉煌的一页。

宋代这两次失败的运动之所以值得现代人特别研究，是因为它们提出了明显的经济的政治的要求、改革的方案、具体的实践，是自觉的人民的呼声，是人民的历史的一章。

第一次的均产运动，宋李攸《宋朝事实》卷十七记：

> 淳化四年（993）青城县民王小波聚徒起而为乱。谓其众曰，吾疾贫富不均，今为汝均之。贫民附者益众，先是国家平孟氏（昶）之乱，成都府库之物，悉载归于内府。后来任事者竞功利，于常赋外，更置博买务，禁商贾不得私市布帛。蜀地土狭民稠，耕稼不足以给，由是群众起而为乱。

说明了刺激这运动的两个政治经济的因素，第一是宋军平蜀，把蜀中的财赋都当作战利品运到开封。第二是新治权的统制商业行为，使人民生活陷入绝境。这两个因素造成了蜀人的心理反抗，不甘于被征服者的奴役、剥削，起来要求经济上的均等和政治上的解放。

宋王辟之《渑水燕谈录》所记大体相同，他说：

本朝王小波李顺王均辈，啸聚西蜀，盖朝廷初平孟氏，蜀之帑藏，尽归京师。其后言利者争述功利，置博易务，禁私市，商贾不行，蜀民不足，故小波得以激怒其人曰，吾疾贫富不均，今为汝均之。贫者附之益众。

均贫富的方案和实践，宋沈括《梦溪笔谈》二十五记（王明清《挥麈后录》五同）：

李顺本蜀江王小博之妻弟。始王小博反于蜀中，不能抚其众，众乃推顺为主。顺初起，悉召乡里富人大姓，令具其家所有财粟，据其生齿足用之外，一切调发，大赈贫乏，录用材能，存抚良善，号令严明，所至一无所犯。时两蜀大饥，旬日之间，归之者数万人，所向州县，开门延纳，传檄所至，无复完垒。及败，人尚怀之，故顺得脱去三十余年，乃始就戮。

就是把富豪地主的过剩的、除开生活必需以外的财粟，用公开的手续，让他们自己报告，由人民调发，分配给贫民，这一新的经济措施自然获得广大的贫民阶层的支持。相对严明的军纪和合理的政治，更使这一运动获得广大的发展，虽然遭遇政府正规军，数和质都占优势的大军所围剿而消灭，然而，在几十年后，这一运动的成果仍然温暖地被保存于蜀中父老子弟的心坎中。

第二次均产运动的背景，绍兴三年（1133）伪齐尚书户部郎中兼权给事中冯长宁尚书右司员外郎许同伯同修什一税法，报告北宋的税制，给豪富地主以兼并的机会，造成贫富对立的尖锐现象，他说：

宋之季世，税法为民大蠹，权要豪右之家，交通州县，欺侮愚弱，恃其高赀，择利兼并，势必膏腴，减落税亩，至有入其田宅而不承其税者，贫民下户，急于贸易，俯首听之。间有陈词，官吏附势，不能推割，至有田产已尽，而税籍犹在者，监锢拘囚，至于卖妻鬻子，死徙而后已。官司摊逃户赋，则牵连邑里，岁使代输，无有穷已。折变之法，小估大折，名曰实直，巧诈欺民，十倍榨取，舍其所有，而责其所无。至于检灾之蠲放分数，方田之高下土色，不公不实，率毕大姓享其利，而小民被其害。贪虐相资，诛求不辍，朝行宽恤之诏，夕下割剥之令，元元穷蹙，群起为盗。

洞庭湖沿岸是最饶足的米仓，贫富对立的现象也就特别显著。当宋徽宗正在穷奢极欲，搜敛豪取、建宫室、崇道教、求长生的时候，洞庭西岸武陵的农民钟相，相对地在宣扬等贵贱，均贫富的新教义。《建炎以来系年要录》卷三十一记：

建炎四年（1130）正月甲午，鼎州（常德）人钟相作乱，自称楚王。初金人去潭州（长沙），群盗乃大起，东北流移之人，相率渡江……相武陵人，以左道惑众，自号天大圣，言有神灵与天通，能救人疾患。阴语其徒，则曰，法分贵贱贫富，非善法也，我行法，当等贵贱，均贫富。持此语以动小民，故环数百里间，小民无知者翕然从之，备粮谒相，谓之拜父，如此者二十余年。相以故家赀巨万，及湖湘盗起，相与其徒结集为忠义民兵，士大夫避免者多依之。相所居村曰天子岗，遂即其处筑垒浚壕，以捍贼为名。会孔彦舟入澧州，相乘人情惊扰，因托言拒彦舟以聚众。至是起兵，鼎澧荆南之民响应。相遂称楚王，改元天战，行移称圣旨，补授一用黄牒，一方骚然。遂焚官府城市寺观及豪右之家，凡官吏儒生僧道巫医卜祝之流，皆为所杀。

钟相的作风比李顺又进一步，不但要均贫富，而且要等贵贱，就现在的意义说，不只是彻底消灭地主贵族集团的经济特权，而是更进一步，消除更根本的这一集团人搜括剥削的政治特权。使人人有平等的经济享受，有过问政治、运用政权的权利。这一运动所消灭的对象，是贪污不法的官吏、武断乡曲的儒生、不劳而食的僧道和劳苦民众的寄生虫巫医卜祝，四种靠原始迷信生活的废物。所破坏的对象是特权阶级所凭借的官府和保护官府安全的城市，僧道所在的为民脂民膏所经营的寺观，以及豪右之家，农民所最痛恨的吸血鬼的巢穴。

这一运动经过几次的挫折，最后，于绍兴五年（1135）为名将岳飞所荡平。

元代的民间海外贸易

元末南京有名的大财主沈万三，民间故事相传他家有聚宝盆，要什么宝贝就有什么。据《吴江县志》，原来沈万三是做海外贸易的，这一行当时叫作通番。县志说：

沈万三有宅在吴江二十九都周庄，富甲天下，相传由通番而得。张士诚据吴时，沈万三已死，二子茂、旺密由海道运米至燕京。

张士诚被朱元璋所灭，朱元璋深恨当地的地主富豪支持张吴抵抗，把他们都强迫搬到南京。黄玮《蓬窗类记》说：沈万三原来叫沈富，排行第三，吴人都称他作沈万三，是元末江南第一富家。明太祖定都南京以后，要沈家每年献白金千锭（锭五十两）、黄金百斤。用兵时的甲马钱粮，也要他家供给。抄家时有田几千顷，每亩定赋九斗三升，江苏田赋之重是由他家开始的。另外，一些记载还记有明太祖强迫沈家修南京城墙的故事。

14 世纪时，东南沿海的民间海外贸易很发达，除沈万三家以外，陶宗仪《辍耕录》卷二三中提到杭州人张存，元顺帝至元二年（1336）到泉州，做海舶买卖发财，至正二年（1342）回到杭州，说曾在海外得到一块圣铁。卷二七中，嘉定州大场沈家，因下番做买卖成巨富。宋濂《翰苑续集》

卷四记福州海贾林家驾着大舶，往来海外诸国，舶上张列旗帜和金鼓，经常戒备着，以防海盗抢劫。南海麦全等十一人以私卖外国货坐牢。再前些时候，《元史·卢世荣传》记至元二十二年（1285）决定在泉州、杭州市舶都转运司，由官家造船给本，招商人出海贩运，得利官有其七，商有其三，严禁私自泛海。延祐元年（1314）铁木迭儿建议，过去富民到外国商贩，大赚其钱，出国的人越来越多。中国商品价格低，外国货越来越贵。应该由国家统一管理，责成江浙右丞专管，发船十纲，招商给予证明文件，由官收税，私贩的货物充公。

《元文类》卷四有《舶上谣》三首：

朱（清）张（瑄）死去十年过，海寇凋零海贾多。
南风六月到岸酒，花股篙丁奈乐何。

琉球真腊接阇婆，日本辰韩秽貊倭。
番船去时遗碇石，年年到处海无波。

熏陆胡椒腽肭脐，明珠象齿骇鸡犀。
世间莫作珍奇看，解使英雄价尽低。

所到的地方有琉球、柬埔寨、印度尼西亚、日本、朝鲜等；贩运的商品有香料、药材和珍珠、象牙、犀角等。

由此看来，苏州沈万三这一家之所以发财，是由于做海外贸易，所以得罪被迁到南京和后来的抄家，是因为支持张士诚和元朝，大体上是可信的。

正因为14世纪已经有了频繁的民间对外贸易，沿海人民具备了航海的知识技能和通商的经验积累，这样，就为15世纪上半期的郑和七下西洋那样规模巨大的商船队打下了基础。

王茂荫与咸丰时代的币制改革

在五年前，有几个朋友用几种不同文字的底本译《资本论》。他们在译到第一篇第三章注八十三提及中国的史事这一段时，写信问我书中 Wan-Mao-in 的原名是什么。他们因这一译名，有人还原为王猛殷，又有人还原为王孟尹，甚至有人译为万卯寅，要我想法查出他原来的名字，我答应了。因为《资本论》所说的 Wan-Mao-in 是中国的财政大臣，猜想必是户部的堂官，1854 年是咸丰四年，就查《清史稿·部院大臣年表》，果然一翻就着。在表七上户部汉右侍郎格咸丰三年（1853）格说："何桂清，十一月癸卯迁，王茂荫户部右侍郎。"在咸丰四年（1854）格："王茂荫，三月辛亥迁，翁心存户部右侍郎。"时代恰好相合，Wan-Mao-in 和王茂荫音也全对，他的前任是何桂清，后任是翁心存。再查《清史稿·王茂荫传》，传中也说到他曾提议施行钞法，为皇帝所申斥。和《资本论》的脚注完全符合。

最近一两年，从头读《东华录》和《清史稿》两书，又不时地看到有关王茂荫的史料。同时也因为清华图书馆的便利，读到王茂荫的《王侍郎奏议》和其他有关的一些史料，对于王茂荫的事迹和思想，算是比几年前清楚多了。

几天前，在《光明》二卷二号中有一篇郭沫若先生的《〈资本论〉中的王茂荫》，读了很感兴趣。可惜郭先生因为手头用书的缺乏，也不能把王茂荫的事迹说清楚。郭先生希望国内能有人对这问题下一点功夫。王茂荫对我是熟人，在读了郭先生的文章以后，更觉得有必要把有关王茂荫的史料整理一下。同时也感觉到，一些对于自己很平常的史料，因为环境的关系，对于别人，却正是求之不得的东西。郭先生假如是在本国，也在北平的时候，他一定能看到我所见到的史料，王茂荫所酌议的“章程四条”，在《东华录》没有详载，在《清史稿》本传也没有详载，可是在他的奏议中却是录有全文的。郭先生说：“王茂荫所酌议的‘章程四条’可惜在《东华续录》中没有详载，这层是有到清史馆查的价值的。我希望读了我这篇短文的人，尤其是北平的朋友们，请顺便去查一下，并请趁早查，如不趁早，恐怕要先被不知道中国的罗马字拼音的日人搬到海外去了。”因为材料都在手头，写此短文，回答郭先生的建议。文中引用材料大部分都依本来面目，不加删节，为的是一般手头书籍缺乏的读者的方便。

一

《资本论》第一卷第三章注八十三前半的原文是：

Der Finanz Mandarin Wan-mao-in liess sich beigeben，Dem Sohn des Himmels ein projekt zu unterbreiten，welches versteckt auf Verwandlung der Chinesischen Reichsassignaten in konvertible

Banknoten hinzielte.

Im Bericht des Assignaten Komitees Vom April 1854 erhält er gehörig den Kopf gewashen. Ob er auch die obligate Tracht Bambushiebe erhielt， wird nicht Gemeldet."Das Komitee"，lautet es am schluss des Berichts，"hat sein projekt aufmerksam erwogen und findet， dass alles in ihm aufden vorteil der kaufleute ausgeht und nichts für die krone vorteilhaft ist."（Arbeiter der Kaiserlich Russischen Gesandtschaft zu Peking über China，Aus dem Russischen von Dr.K. Abel und F. A. Mecklenburg. Berlin 1858，Bd. I. S. 47 ff.）

郭沫若先生译作：

中国的财政大员王茂荫上一条陈于天子，请将官票宝钞暗渡为可兑现的钱庄钞票。在一八五四年三月钞法核议会的奏呈中，王茂荫为此大受申饬。然其曾受法定的笞刑与否，则无明文。该奏议之结尾有云："本核议员等曾将其条奏详加审核，觉其中所言专利商贾，于朝廷毫无一利。"

原文中的 Reichsassignate 日本高畠素之译本第一卷页九六译作帝国纸币，陈启修译本作大清帝国纸币，郭译作官票宝钞，都是错的。前两个当时根本无此名词，郭译错了一半，对了一半。因为官票和宝钞是两种东西，Reichsassignate 指宝钞而言，并非官票。原文中的 Assignaten Komitee 高畠素之和陈启修都译作帝国纸币委员会，郭译作钞法核议会，也都是错的，因为在有清一代，并没有这样名称的机构。清制管理钱币的机关名钱法堂，钱法堂有两个，一由户部右侍郎兼管，二由工部右侍郎兼管。所属的造币厂有宝泉、宝源二局，宝泉属户部，宝源属工部。《光绪会典》卷二四《户部·钱法堂》条记：

管理钱法侍郎，满洲一人，汉一人，掌宝泉局鼓铸之政令。凡铜铅进于局，验而收焉。缺者补之，铜不足色者抵以耗。凡铸钱月定其卯，验而解于部。附铸亦如之。考其式法，给其工料，越岁则奏销。

卷六二《工部·钱法堂》条记：

管理钱法侍郎，满洲一人，汉一人（以本部右侍郎兼管），掌宝源局鼓铸之政令。凡铜铅之岁输于部者定其额，至则以时验收焉。凡鼓铸分其炉座，核其缗数，出卯则尽数报解户部，搭放兵饷。

职掌大体上相同。王茂荫在咸丰三年（1853）迁户部右侍郎兼管钱法堂事务，关于钱法和钞法的兴革是他的专责。他在咸丰四年（1854）三月初五日上《再议钞法折》，提出办法四条，当日即奉严旨申斥，并谕："此折着军机大臣详阅后，专交与恭亲王、载铨速行核议，以杜浮言。"初八日复有上谕："谕内阁：恭亲王奕䜣亲王衔定郡王载铨奏：遵议王茂荫条陈钞法窒碍难行一折，着即照所奏均无庸议。”所谓帝国纸币委员会或钞法核议会都是指交王大臣议奏而言。清制国家大政和臣工条议照例由皇帝交王大臣议奏，审核其可行与否，将意见贡献与皇帝做最后决定。

在《〈资本论〉中的王茂荫》文中有下列一段：

再看王茂荫“自请严议”，可以知道这种不兑换纸币的发行，本是出于他的建议。王茂荫在咸丰三年（1853）三月还在御史职，但他对于国家财政很是关心。我疑心三年五月铸大钱的办法都是出于他。他是那年的十一月初二日升为户部右侍郎的。四年（1854）三月的第二谕中有“经朕洊擢侍郎”之语，这“洊擢”一定是对于他的某种建议的报酬。“官票宝钞”的施行在后，铸造大钱之事在前，从论功行赏的程序上说，连大钱铸造的建议，恐怕也是出于这位理财家的吧？

也是一半对、一半错的。宝钞的建议者第一个是王茂荫，可是他的建议并未通过。后来所施行的钞法并不是根据他的建议来的，他以为那办法不对，所以提出四条意见，结果反被申斥。至于铸造大钱，恰好相反，王茂荫是当时最坚决的一个抗议者、反对者。他说当时的钞法应改良，不应铸造大钱，他的意见没有被采纳，结果是大钱果然行不通，钞法也失败了。

二

王茂荫字椿年，一字子怀，安徽歙县人。生于嘉庆三年（1798）三月，卒于同治四年（1865）六月，年六十八岁（1798—1865）。

在科第上说，王茂荫是早达的，他在三十四岁那年就中了举人，第二年连捷成进士。这两年清廷下令禁止鸦片输入。

相反地，在官阶方面说，他却是一个晚达的人。成进士后，即官户部主事。十五年中三次请假回家省视父母。鸦片战争起来时，他正在乡间闲居。一直到道光二十六年（1846）才回朝补授户部云南司主事。这时他已是快到五十岁的人了。第二年升任贵州司员外郎，第三年遭父忧，又回家守制，三年后服满回朝时，清宣宗死，文宗继位，太平天国起义。

从咸丰元年（1851）到八年（1858）这八年中，是太平天国的全盛时期。经过了二十年浮沉郎署生活的王茂荫，在这时期中才踏上仕宦的坦途。咸丰元年（1851）补授户部江西司员外郎，八月官江西道监察御史，三年四月官太常寺少卿，六月擢太仆寺卿。因为他是户部出身，在这三年中不断地对当时财政情况提出意见。同年十一月官户部右侍郎兼管钱法堂事务。在任户部侍郎时，他坚决地提出反对当时新币制的意见，和同僚不合。次年三月调补兵部右侍郎。不久转左。到咸丰八年（1858）七月以病请开缺。同治元年（1862）四月起署左副都御史，改授工部侍郎。二年（1863）调吏部。丁继母忧归，四年（1865）六月卒于家（《清史稿》列传卷二〇九《王茂荫传》；方宗诚《柏堂集后编》卷一一《光禄大夫吏部右侍郎王公神道碑铭》）。

王茂荫在咸丰元年（1851）初拜监察御史以后，一直到去官，十年中不断上书陈述意见。当时的言官方宗诚在《光禄大夫吏部右侍郎王公神道碑铭》中曾说：

时天下承平久，吏治习为粉饰因循，言官习为唯阿缄默，即有言多琐屑，无关事务之要。其非言官，则自以为吾循分尽职，苟可以寡过进秩而已，视天下事若无与于己，而不敢进一辞，酿为风气。军国大事，日即于颓坏而莫之省。

王茂荫在这趋势下是例外。他对于“朝政之得失，人才之贤否，军事之利害，知无不言，言无不详”。清文宗也很看重他的意见：“往往虚衷以受，或即时谕行，或付之公议。或始虽留中，既而思其言然，卒皆听用。”（《神道碑铭》）

王茂荫虽然是科举出身，却并不以为这制度是合理的、有用的。他指出这制度的弊端：

臣窃见今日之聪明才力，悉专致于摹墨卷，作小楷，而深惜其无用也。自来非常之才，有不必从学出者，然从学出者千百，不从学出者一二。即后汉臣诸葛亮亦有学须静、才须学之言。今一专功于墨卷，则群书遂束之不观；专功于作字，则读书直至于无暇。二者之废学，以作字为尤甚。而士子之致力，则于作字为尤专。合天下之聪明才力尽日而握管濡毫，尚安得

济实用！（《王侍郎奏议》卷一《振兴人才以济实用折》）

他以为科举人才是未来的官，官是要能作史论的，至少也要懂得历史。可是科举制度的积弊是使所有未来的官都用全力于摹墨卷，作小楷。结果是每人都写得一笔好字，可是内容什么都没有，既不知过去，更不知现在。让这一批人来当国，“尚安得济实用”。他提出三点办法来补救。第一是改革科举的内容。策问五道分五门发题：一曰博通史鉴；二曰精熟韬钤；三曰制器通算；四曰洞知阴阳占候；五曰熟谙舆地情形。第一科是史学，一个未来官必需的学识；第二科是军事学；第三科是实用科学；第四科是天文学；第五科是地理学。应考的人可以自己选一专门的科目考试。这意见原来是道光二十二年（1842）两广总督祁提出的，这一年正是鸦片战争结束，订立南京条约，开五口通商的一年。祁所提出的意见显然是受了西方文化的影响，代表中国士大夫中的维新分子的意见。可是他的提议被当时的守旧派反对，不能通过。王茂荫却完全接受了他的意见，在咸丰元年（1851），第一次上折请求按祁的办法改革。后来又上折尖锐地对反对者加以驳问，他说：

当时部议之驳五门发策也，称士子淹博有素，不必专门名家。试问今日制器通算者为谁？精熟韬钤者为谁？（《王侍郎奏议》卷九《请刊发海国图志并论求人才折》）

第二是考试务重文义。他说：

近来殿试朝考之后，考列前十卷与一等者，但传其字体之工，曾不闻以学识传者。考列在后之卷，又但传闻某书极劣，某笔有误，曾不闻以文艺黜者。此士子所以专务作字也。作字必无间断而始工，读书遂以荒芜而不顾，士习空疏，实由于此。请嗣后令读卷阅卷大臣，勿论字体工拙，笔画偶疏，专取学识过人之卷。进呈钦定以后，即将前十卷与一等卷所以过人之处，批明刊发，使天下晓然于朝廷所重在文不在字，庶士子咸知所向。（《王侍郎奏议》卷一《振兴人才以济实用折》）

他要求以后考试不重表面形式上的书法，着重在实学一学识过人。

第三是广保举以求真才。他是反对现行的科举制度的。他以为在这样的制度下，绝不能招揽所有的人才："若伏处在野，或不工制义，或力难应举，则虽有怀奇负异之士，恐终淹没。"他要求"令各省州县并教官留心察访，或博古通今、才识非常，或专门名家、精通一艺，或膂力过人，胆勇足备者"，保举。经考试后，送部引见，随材酌用，以济科举制度之穷。（《王侍郎奏议》卷一《振兴人才以济实用折》）并反驳部议说：

部议之驳广保举也，称文武各有乡会试，凡才学出众、武艺精通者，皆已甄拔无遗。试问年来杀贼攻城诸将，如罗泽南、王鑫、杨载福、李续宾等，均非得自科举，甄拔何以有遗？前议之未尽有明征。今议之当详，自可见此为长久得人之法。（《王侍郎奏议》卷九《请刊发海国图志并论求人才折》）

综合他的意见，一方面改革科举制度，除去专重小楷的弊端，注重真才实学。所谓实学，分历史、军事、科学、天文、地理五科。另一方面求人才于科举之外，只要有专长的都可在朝廷做事。在八十年后的现代人看来，这样的意见是平淡无奇的。可是在八十年前，在科举制度下，尤其他本人也是从科举出身的，提出这样的意见，是很值得注意的。

关于他的品性行谊，方宗诚在《神道碑铭》中说：

公识量沉宏，事无巨细，必研究原委，不敢苟且迁就。居官数十年，未尝挈妻子侍奉，家未尝增一瓦一陇。粗衣粝食，晏如也。故海内称大臣清直者必曰王公。

王茂荫是安徽歙县人。歙县人多外出经商，徽商在清代后期在全国商业界很有地位，很活跃，有徽帮之称。徽帮的经营业务，主要是茶商、钱庄和典铺。王茂荫生长在徽商的社会里，又长期家居，他的生活和思想意识深受徽商的影响，在政治上自然而然成为商人阶级的代言人，特别是以开钱庄、典铺为主的徽商的代言人，维护他们的利益。在讨论官票宝钞和大钱的时候，处处为商人特别是开钱庄、典铺的徽商说话。正因为如此，咸丰四年（1854）三月上谕申斥他“专为商人指使，且有不便于国而利于商者，亦周纳而附于条款内”“只知以专利商贾之词，率行渎奏，竟置国事于不顾，殊属不知大体”。被传旨严行申饬。

他的著作有《王侍郎奏议》十一卷（御史任内为台稿三

卷，太仆寺卿任内为寺稿二卷，侍郎任内为省稿四卷，起用后为续稿一卷。又补遗一卷）。前十卷其门人易佩绅刻于四川藩署，后一卷刻于苏州。

三

在王茂荫的一生政治经历中，最主要的一件事便是他和咸丰时代币制的关系。他主张施行钞法来救济当时的财政困难，他极力反对"大钱"制度。

关于钞法的施行，王茂荫是咸丰时代的第一个提议人。他在咸丰四年（1854）三月所上《再议钞法折》中说："现行官票宝钞，虽非臣原拟之法，而言钞实由臣始。"其实在咸丰时代以前，钞法的施行不但有人提议，并且在顺治时代曾经一度颁行。《清史稿·食货志》五记："顺治八年（1651）岁造钞十二万八千有奇，十年而罢。嘉庆间侍讲学士蔡之定请行钞。"道光二十三年（1843）御史李恩庆又奏请行纸钞：

> 时以两河连年漫溢，制用甚繁。御史李恩庆奏请制造纸钞，发工次招商民交给。……敬徵奏言：……楮币之法，见于唐之飞券，宋元以来始有交子会子宝钞之制。前明洪武时行钞法，数年即坏。今需用孔亟，若待部颁印钞，招募商民交钱应用，实缓不济急。且事涉创办，商民未必乐从，所奏应无庸议。（《清史列传》卷四一《敬徵传》）

以“缓不济急”和“商民未必乐从”两大理由被驳不议。

咸丰时代是一个对外屈辱、对内镇压的时代，在这时期以前，全国通用的货币是银和钱。银因对外贸易入超的关系，尤其是鸦片的输入，逐年大量地流出，国内存银日渐减少，银价日高。钱是用铜铸的，铜的最大出产地是云南，太平军起义后，云南和北京间的交通被阻断，铜运不达，铸钱的原料成为问题。同时因为内战的关系，一部分地方被太平军所占领，另一部分地方截留税收做地方军费，还有一部分地方因受战事影响收入减少，中央财政越发不能支持。收入一天比一天少，支出却一天比一天多。在这种情形下，政府中的财政家和史论家便引经据典地提出两种解决办法，一是行钞法，二是铸大钱。在政治上也分成两派，一是钞法派，二是钱法派。王茂荫是前一派中的主要人物。

在洪秀全起义后的第十五个月，王茂荫上《条议钞法折》。他以为“粤西之军务未息，河工之待用尤殷，国家经费有常，岂能供额外之用。从历史上观察，补救财政困难的办法有二，一曰铸大钱，二曰行钞币。二者之利同，而其难以经久，亦略相似。比较两者的得失，则计钞之利，不啻十倍于大钱。而其弊则亦不过造伪不行而止”。他在提出具体的新钞法之前，指出过去行钞的十种弊端：

一则禁用银而多设科条，未便民而先扰民；二则谋擅利而屡更法令，未信民而先疑民；三则有司喜出而恶入，适以示轻；四则百姓以旧而换新，不免多费；五则纸质太轻而易坏；六则真伪易淆而难识；七造钞太多则壅滞，而物力必贵；八造钞太细则琐屑，而诈伪滋繁；九则官吏出纳，民人疑畏而难亲；十则制作草率，工料偷减而不一。

这都是从研究过去行钞的历史所得的结论。接着他提出九条办法，都是针对所举十种弊端加以纠正的。第一是拟钞之值：因为当时银贵钱贱的关系，定钞以银为本位，以两计算，分十两、五十两二种，十两以下仍以钱行使。第二是酌钞之数：滥发钞币的结果必然会使钞值低落，物价抬高。要保持钞值的固定，必须限有定数。他主张仿顺治时代的成例，“每年先造钞十万两，计十两者五千张，五十两者一千张。试行一二年，计可流通，则每岁倍之，又得流通，则岁又倍之。极钞之数以一千万两为限”。这一千万两的定数是根据国家岁入酌定的，国家岁出岁入总数不过四千万两，发钞总数不过每年岁出入的四分之一，是不会不流通的。第三是精钞之制：为防止十弊中的第四、第五、第六、第八、第十诸弊，他提议立一制钞局：“选织造处工人，以上等熟丝织如部照之式，分为两等，方尺有五寸者为一等，方尺有二寸者为一等。四围篆织花纹，中横嵌大清通行宝钞六字满文于额，直嵌大清宝钞天下通行八字汉文于两旁。按每岁应制钞张数造办，以方尺五者为库平足色纹银五十两，尺二者为库平足色纹银十两。选能书吏于钞中满汉合璧作双行书，每年拟订数字，每字一千号，编为一簿。钞之前按簿上每张填某字某号，钞之后书某年月日户部奏准大清宝钞与银钱通行使用，伪造者斩，告捕者赏银若干两，仍给犯人财产。诬告者坐。皆汉书。再请饬另铸大清宝钞印一枚，于中间满汉文银数上钤以印。前某字某号上钞与簿钤骑缝印。钞质必厚实如上等江绸；篆文必细致；满汉书必工楷一律；印文必完整；印油必鲜明。监造各官有草率不如式者治以罪。禁民间不得私织如钞花样，有犯必惩。再请饬于制钞局特派一二有心计之员，另处密室，于每钞上暗设标识数处，所设标识，唯此一二人知之。仍立一标识簿载明每年之钞标识几处，如何辨认，封藏以便后来检对。其识按年更换，以杜窥测。一切均不得假手书吏，以防泄露。”第四是行钞之法：丝钞织成后即交各银号官盐店典铺，给以微利，每库平五十两者只令缴市平五十两，库平十两者只令交市平十两。银号领钞缴银后，许加字号图记花字于钞之背面，听各处行用。许作捐项及办解钱粮，与银各半交纳。第五是筹钞之通：宝钞发出后，因为许作捐项和钱粮交纳，结果是仍旧回到部库和藩库。为求周转流通，所有中央地方发出款项都酌量以钞搭放。仍许持钞人向银号兑取现银。如银号故意勒措，不肯兑换，扣减不肯如数，许民人指控，治之以罪。第六是广钞之利：钞利轻赍和行远，又无成色与重轻，应鼓励民人行用，听向银号兑换，并随处上纳钱粮。天下州县均于城内立一收钞银号，持钞人或作交钱粮或兑换银钱，均即如数兑交。京外各行钞银号均饬于招牌上加钞字。为防止造伪起见，行使宝钞人许于钞背记明年月收自何人，或加图记花字，遇有伪钞，不罪用钞之人，唯究钞所由来，逐层追溯，得造伪之人而止。第七是换钞之法：部库设人专司钞之出入，各地行钞但钞之背面图记花字已满者即付送制钞局，将钞截角，另贮一库。遇有伪钞，便可对明。第八是严钞之防：法行之后，不得另有更张。造钞之制，不得渐减工料，致失本来制度以坏法。民人有伪造者，即照钞文治罪，不得轻纵以坏法。第九是行钞之人：商民交易力为设法，不经官吏之手，同时严防官吏舞弊，阻钞行用。尤贵经国大臣相时之轻重而收发操纵之。（《王侍郎奏议》卷一《条议钞法折》）

综合以上各点，他的主要意思是发行一种仿明洪武宝钞以银为本位的丝织宝钞，交银号流通，商人方面可得些少利益，持钞人可用于缴纳国税。各地方均设收钞处，持钞人可以随时兑换银钱。钞本身用丝织，并设暗记，行使人可在背面记钞之由来，以防伪造。虽然没有钞本，但因发行有定额，总数不过每年收入四分之一，且可兑现，流通自然不成问题。这条陈提出以后，朱批大学士会同户部议奏，便无下文。虽然没有结果，王茂荫却因这条陈而被政府注意，以为他的历史知识很够得上做一个理财家了。

一年后福建巡抚王懿德又奏请行钞法。他说：

自海防多事，销费渐增，粤西军务、河工，拨款不下千数百万，目前已艰，善后何术！捐输虽殷，仅同勺水，督催稍迫，且碍闾阎。与其筹划多银，不若改行钞引。历考畿辅山左，以及关东，多用钱票。即福建各属，银钱番票，参互行使。便于携取，视同见金。商民亦操纸币信用，况天下之主，国库之重。饬造宝钞，尤易流转。唯钞式宜简，一两为率，颁发藩库，通喻四民，准完丁粮关税，自无窒滞。或疑库银溢出，悉成钞引，银日以少，钞日以贱。岂知朝廷不蓄为宝，以天下之财，供天下之用，能收能发，自能左右逢源也。（《清

史稿》列传卷二一四《王懿德传》）

主张发行一两的宝钞，与王茂荫所提的十两、五十两两种票面价值不同。这一提议也同样被驳。《东华录》记：

咸丰二年（1852）六月丁未，先是福建巡抚王懿德奏筹行钞法，以济军需。令军机大臣同户部议奏。至是奏称：民间行用铺户银钱各票，乃取银取钱之据。若用钞则钞即为银，钞即为钱，与铺户各票之持以取银钱者不同，必致民情不信，滞碍难行。该抚所请改行钞法之说，应无庸议。报闻。（潘颐福《咸丰朝东华录》卷一五）

同年九月署镶红旗蒙古都统花沙纳也上疏请行钞法。他说：

查前代行钞皆不能无弊：盖钞用纸质，易于作伪，弊一；朝令夕改，民不信从，弊二；官项不收，自相矛盾，弊三；禁银禁铜，抑勒滋扰，弊四；积年添造，壅滞难行，弊五；不议更换，昏烂辄废，弊六。谨拟造钞之法：一、钞质以缓为之，连用二印志书迹于其中，则真伪易辨。一、钞式织成，按千文编号，以免混淆。一、钞绫用正黄色，印花用上等朱砂，印板用精铜铸就。一、银钞数目，自一两、五两、十两至五十两分四等，每张计费银五钱。一、宝钞之费，一千七百张共需银八百五十两，即可当万金使用。一、钞分四等，钞式则一。一、钞皆准银，较准钱为简便。一、钞银拟造满一万万两为止。一、造钞除五六十年后奏请更换外，或大工大役，估计所需，必须添造，工竣停止。一、法律宜严治伪造者，宽待误收者。一、造钞伊始，先将行钞条例颁示天下。将来帑项极充，毋庸再用，准其抵交入库。其行钞之法：一、请银钱与钞并用。一、请设督理钞局官。一、外省用项由钞局会同户部酌给银半钞半，或搭放宝钞二成，依次递增，半钞而止。一、内自京城，外至各省督抚州县乡市各钱店一律畅行，不准阻挠。一、民间交易，银钞听其自便，唯交官银两，必须银钞各半。一、钞宜上下通行，凡完粮纳税捐项统用银钞各半。一、凡以钞完粮纳官者，概免倾熔火耗。一、宝钞既行，不必禁银禁铜，徒滋纷扰。（《清史列传》卷四一《花沙纳传》）

花沙纳也主张用银钞。和王茂荫的主张不同的是：钞用绫制；钞额分一两、五两、十两、五十两四种；钞只能做交官项用，不能兑现；发行额多至一万万两。

四

经过王茂荫、王懿德、花沙纳三人接连上疏请行钞法后，清廷正苦于无法解决财政困难，也就怦然动心，让原提议人妥商办法。王懿德这时在福建，不能预议。便特派左都御史花沙纳和陕西道监察御史王茂荫妥议钞法，奏明办理。两人虽都主张行钞，但是所提的办法不同，在政治地位上又高下悬绝，虽然表面上是两人会同户部堂官妥议，并拟定简明章程，绘具钞式具奏，实际上全是花沙纳和户部的主张。王茂荫的提议要点全被搁置。据《花沙纳传》：

三年（1853）二月会议行钞章程。略云：理财之道，固贵相时济用，尤宜慎始。请定简明章程，于京师先为行用，俟流通，各省一律遵办。不必袭用钞名，即称为票，使商民日用相安。如所议行。（《清史列传》卷四一《花沙纳传》）

《东华录》记：

咸丰三年（1853）二月辛丑谕内阁：兹据花沙纳等公同酌议（钞法）具奏，并绘具官票式样进呈。朕详加披览，所拟章程各条，尚属周密，着即照所请定为官票名目，先于京师行用。俟流通渐广，再行分颁各省，一律遵办。官票之行，与银钱并重，部库出入，收放相均。其民间银钱私票行用，仍听其便，商贾交易，亦无抑勒，洵为裕国便民良法。总期上下相信，历久无弊，即使国用充裕，官票照旧通行。（《东华录》卷一九）

官票面额有一两、三两、五两、十两、五十两五种。“钞制以皮纸，额题户部官票，左满右汉，皆双行。中标二两平足色银若干两。下曰户部奏行官票，凡愿将官票兑换银钱者与银一律，并准按部定章程搭交官项，伪造者依律治罪。边文龙。

（《清史稿》卷一〇五《食货志》五）”花纹字画均蓝色，银数有用墨戳钤印，也有临时填写的，字都特大。写或印银数处印朱方印，文曰户部官票永远通行，左满右汉。骑缝处钤户部官票所关防长方朱印，亦左满右汉。用千字文编字，或印或写，号数年月均用墨笔写。边钤每两比库平少六分小墨戳。左下端有黑花押。背面或钤私印或写前手行用人名铺号。经过几个月的筹备，于咸丰三年（1853）五月戊申正式颁行。

王茂荫是极力反对户部的方案的，户部原方案经批准的主要两点是：第一，提取各州县所存谷价银两，给以银票，为将来买补之用。第二，于各省当杂各商生息帑本内，酌提十分之三，解交藩库报部候拨。户部核明银数，应造一百两、八十两、五十两之票若干张，汇发各省，按原提本银数目，分给各该商；准令该省捐纳封典职衔贡监之人，向各商买票报捐，归还原提银款。其各商应缴息银，仍如其旧。关于第一点他认为可行。第二点损害钱庄、典商原有利益，他大声疾呼，以为亏商病国，绝对难行。他说：

各省州县皆有典规，岁数千两至万两不等。即平居无事，而已视典商为鱼肉。今令州县以提帑本发部票，则必以火票脚价部费为借口，而收银有费，发票有费，费之轻重，固视官之贪廉，然官即能廉，吏亦断无空过之事。此商之亏一也。商之缴银也，限以三月，由州县而藩司，而报部，不知几月。迨部中核明银数，造票有时，发票有时，由该省以行至州县，分给各商，又不知几时。窃计自商缴银之日，以至领票之日，至速亦须一年。此一年中该商等本银已缴其三，而息银仍如其旧，此息竟从何来。此商之亏又一也。商领银票，准令该省捐纳封典职衔贡监之人向各商买以报捐，归还原款。窃计捐生有银报捐，何为必欲买票。且买票入手，不知有无真伪，持票上兑，不知有无留难，何如持银上兑之可恃。苟非与该商素识，委曲代计补亏，断不向买。设领票年余，而素识中竟无欲捐之人，其票必悬而无着，则商之亏又一也。由前二亏，亏固难免，由后一亏，亏更无期。于此而谓于商无亏，恐未可信。夫提取存本，固商之本分，亦商所乐从，今欲济急需，则竟提用，俟度支充裕，再行发给可耳。若如部议提本给票买票三层周折，而仍归于报捐，名避勒捐而实较捐之费为更甚矣。（《王侍郎奏议》卷三《条奏部议银票银号难行折》）

同日他又上奏请求把他前次所上钞法条陈再行详议：

再查部臣议行银票，意谓票与钞相关，欲以此试钞之行否。臣窃谓此意似未深思也。诚欲试钞法，当如其法而用之，方为试行。若变易其法，则行与不行，皆各自一事，安得因此而概彼。夫行钞首在收发流通，唯收之能宽，斯发之不滞。今银票之发，唯以抵存本，而收唯以报常捐，上下均隘其途，安得而流通乎？（《王侍郎奏议》卷三《请将钞法前奏再行详议片》）

由此可见，所谓官票纯然是一种不兑换的债券，政府收回各地钱庄、典商生息本银十分之三后，发出同样价值的官票，这种官票又只能用于报捐，和王茂荫所提议的办法完全不同。政府的威权也不能强迫民间乐于行用。结果颁行新纸币的消息一经传出，京城内的市面立刻混乱，商铺纷纷歇业倒闭。据都察院左副都御史文瑞奏：

民间于钞法不知其利，而宣传其害，竟畏之如虎。十余日来钱铺已关闭三十余处。昨日内外城一昼夜间陡然关闭者又不下二百余处之多。即素日资本富厚，最著名之钱铺亦皆关闭，粮店亦间有关闭者。街市扰攘，人人惊危。（罗尔纲先生藏钞本《道咸奏稿》）

兵科给事中吴廷溥奏，钱铺之关闭，主要原因是挤兑：

新正以来，警报交至，富商挟资出京，不可胜计。都城关闭钱铺每日三五家或七八家不等。讵本月十五日一日之内，关闭钱铺七八十家，通计前后所关有百数十家。道路宣传，惶骇失措。推原其故，盖由户部张贴行钞告示，外间传闻各铺私票一律禁止。存票之家，争往钱铺取钱，络绎奔走，到处挤闹，逐队成群，嚣然不净。奸徒借端滋扰，势所难免。（罗尔纲先生藏钞本《道咸奏稿》）

同时军营中也不愿行使新钞：

咸丰三年（1853），时议行钞币。翁心存疏言："军营搭放票钞，诸多窒碍。钞币之法，施行当有次第，此时甫经颁发，并未试用，势难骤用之军营。"（《清史稿》列传卷一七二《翁心存传》）

官票颁行未久，接着又发行钱票，此议起于文瑞，《清史稿》记：

咸丰三年（1853）疏言："钞法之弊，放多收少，半为废纸。放少收多，民间钞无从得。若收放必均，是与之甲而取之乙，徒扰无益。非易银钞为钱票不可。拟就道光年间所设官号钱铺五处，分储户工两局卯钱，京师俸饷照公费发票之案，按数支给，以钱代银。"并具条目六事。疏入议行。（《清史稿》列传卷二〇九《文瑞传》）

《东华录》卷二十三记：

咸丰三年（1853）九月庚申，谕内阁："惠亲王等会奏请颁行银钱钞法一折，据称银票以便出纳，钱钞以利流通，请令京师及各直省，均由户部颁行银票钱钞，任听民间日用行使，并完纳地丁钱粮盐关税课及一切交官等项；俾文武官员军民人等咸知银票即是实银，钱钞即是制钱；核定成数，搭收搭放，以期上下一律流通等语。自来制用常经，银钱并重，用楮作币，历代通行。现在银价昂贵，需用浩繁，民间生计维艰，必须与时通变，使钞票与银钱兼权并用，以冀裒多益寡，日益充盈。……询谋佥同。着即照所议，由户部制造钱钞，颁发中外，与现行银票相辅通行。其应如何搭收搭放，酌定成数，以昭限制，总期官民两便，出纳均平。所有一切应办事宜，着户部详细酌核，妥议章程具奏。”

可见钱钞是与官票相辅而发行的。合钱钞与官票简称钞票，是现在钞票一词的语源。两个月后户部议定钞式和搭收搭放成数钞票比率，经批准颁行：

十一月乙丑谕内阁：“比年以来，银价日昂，民生愈困，小民输纳税课，每苦于银贵，而转运制钱，又多未便。朕……酌古准今，定为官票宝钞，以济银钱之不足，务使天下通行，以期便民裕国。着照部议，凡民间完纳地丁钱粮关税盐课及一切交官解部协拨等款，均准以官票宝钞五成为率。官票银一两抵制钱二千，宝钞二千抵银一两，与现行大钱制钱相辅而行。其余仍交纳实银，以资周转。京库应放之项，官票宝钞亦以五成为限。……并准五城殷实铺商具结承领宝钞，俾民间自行通用。即由五城御史随时支发验收。……如有伪造等弊，即行按例治罪。其有阻挠不肯行使者，以违制论。”（《咸丰朝东华录》卷二四）

“钞额题大清宝钞，汉字平列，中标准足制钱若干文。旁八字为天下通宝，平准出入。下曰此钞即代制钱行用，并准按成交纳地丁钱粮一切税课捐项，京外各库一概收解。”（《清史稿·食货志》五）“每钱钞二千文抵换官票银一两”，边文如票。花文字画均蓝色。钱数有刻印的，也有临时填写的。中钤“大清宝钞之印”朱方印，骑缝处钤圆形印，年月下有黑色长方印。编号用千字文，与号数均用木戳印。钱钞行后从三年（1853）十二月到四年（1854）三月几个月中“已发百数十万。于是兵丁之领钞者难于易钱市物，商贾之用钞者难于易银置货，费力周折，为累颇多。”（《王侍郎奏议》卷六《再议钞法折》）

王懿德和王茂荫都是主张行钞法的，却都反对当时所行的办法。王懿德以为收钞不应限以成数，政府发钞目的是在民间流通，但是一面要叫人家乐于行用，一面却只收一半，百姓交纳官项时，一定要一半银子，一半票钞，自己只肯收回一半，如何能叫人乐于行用。他说：

钞之能行，不在于发，而在于收。内自部库以及各关税务，外则丁耗钱粮盐典契纸各税，果能悉收钞票，不限成数，且示以非钞不用，则百姓争相买钞：有银之家以钞轻而易藏，纳课之氓以率定而无损，贸迁之商以利运而省费。部臣见未及此，唯恐解钞而不解银，故限以成数。夫以为无用，则钞银均非可食可衣；以为有用，则钞银不能畸轻畸重。今于领钞之时，区以一省，由部知照，方能行用，已不自信，人岂可强，徒开借端渔利之门。请饬部臣及各省督抚，以此发即以此收，无论各项度支，示天下非钞不用。新收买钞银两积于部库藩

库，以为母金。行钞不分畛域，则银日丰而本源厚。（《清史稿》列传卷二一四《王懿德传》）

户部的人主张发行钞票的目的是拿它当作银子给人，却不愿意商民当真把它完全作银子交回。王懿德的见解是他们所不能接受的，这条陈自然不能通过。王茂荫比他更进一步，主张票钞都应兑现。兑现的方法特别提出应给商人以相当利益。因为照规定的法制，票钞只能按成数交纳官项，在京师则放多而收少，在军营则简直有放无收，在直省州县则又有收而无放。这原因是政府和民间直接发生收放关系，缺少一个中间交互流通的枢纽。这枢纽应该是商人。要商人来做枢纽，必须给以相当的利益才行。他在这原则下提出四条办法：

拟令钱钞可取钱也。查市行钱票，与钞无异，而商民使用者以可取钱也。宝钞准交官项，本自贵重，而人总以无可取钱，用多不便。若于准交官项之外，又准取钱，自必更见宝贵。

拟令银票并可取银也。现行银票钱钞，均属天下通行，而行远要以银票为宜。欲求行远，必赖通商，欲求通商，必使有银可取。人疑无如此现银以待取，而不知各省之钱粮关税，皆现银也。今既准以银票交官矣，此抵交之银不归之商人乎？既可准其抵交，何妨准其兑取。自上计之，二者初无所殊，而自商视之，则二者大有所异。盖抵交迟而兑取速，抵交滞而兑取灵。凡州县征收钱粮，必有银号数家，将钱统易为银，将银统镕为锭，以便解省。今使商人持钞至倾镕钱粮之银号，准其兑取现银，则商人之用钞便；而得钞不待倾镕，即可解省，于银号亦便。在各州县收钞于商与收钞于民，初无所异，而零收之与整兑，亦有较见为便者。今若于准交之外，再加准兑取一层，则钞益贵重。处处可取银，即处处能行用，而不必取银。

拟令各项店铺用钞可以易银也。各店铺日卖货物，惯用市票，何独惮于用钞，以市票能易银以置货，宝钞不能易银，即不能置货。此虽强令行用，将来货物日尽，宝钞徒存，市肆必至成空，不独商人自虑，即国家亦不能不为代虑。查银钱周转，如环无端，而其人厥分三种：凡以银易钱者官民也；以钱易银者各项店铺也；而以银易钱，又以钱易银，则钱店实为之枢纽焉。各店铺日收市票，均赴钱市买银，而钱店则以银卖之。今请令钱市凡以票买银者必准搭钞，则各店铺用钞亦可易银，而不惮于用钞矣。各店铺不惮于用钞，则以银易钱之人，无非用之于各店铺，凡令钱店开票者，亦可准令搭钞矣。各钱店开票亦可搭钞，则以银买各店铺之票而亦不惮于用钞矣。凡以三层关节为之疏通，使银钱处处扶钞而行，此各行互为周转之法。

拟令典铺出入均准搭钞也。查现在典铺取赎者用钞不敢不收，而当物者给钞率多不要。使典铺之钞有入无出，将来资本罄而钞仅存，不能周转，必至歇业。典铺歇业，贫人益无变动之方。应请令嗣后出入，均许按成搭钞，此一行自为周转之法。

在这四条办法中，后两条是专门替商人特别是银号、钱庄、典铺说话的。第二条银票兑现即以州县钱粮各地关税所收之银为准备金，这是户部万不肯答应的。第一条钱钞兑现，他也另筹了一个具体办法。这办法是让户部宝泉局把逐月所加铸的钱提出积存，作为兑现的准备，约计半年后可存三十余万串，即刻出示许民人于半年后兑现。如钱将尽而钞仍纷来，竟不能给，则不妨示期停止，令半年后再取。这半年一兑现的办法，虽然是不彻底，到底比完全不兑现强些，宝钞的信用也许经明令准许兑现而稍好。但是，这办法也是要政府拿出本钱的，政府自然又是不肯。在折尾王茂荫又说：

现行官票宝钞，虽非臣原拟之法，而言钞实由臣始。今兵丁之领钞而难行使者多怨臣，商民之因钞而致受累者多恨臣。凡论钞之弊而视为患害者莫不归咎于臣，凡谕钞之利而迫欲畅行者莫不责望于臣。

他是户部右侍郎，专管钱法，但是所施行的办法，却并不是他的主张。他的意见也不为上官所采纳，他在折中明白地说：

臣既在户部，凡有所见，必取决于总理祁儁藻尚书文庆，乃所商多未取决，而设想更已无方。……（《王侍郎奏议》卷六《再议钞法折》）

他明知现行币制的不合理，却又被朝野人士指为这新制度的负责者，怨恨集于一身。为着皇朝的前途，为着个人的责任，他不能不提出这补救的办法。结果因为折中第二条银票兑现的办法，和政府的政策抵触，政府的本意是要集中现银，他却提出让商人可以随时兑现，在政府看来，这办法是会把所有现银都分散到商人手上去的。因此王茂荫大被申斥。咸丰四年（1854）三月甲辰上谕：王茂荫身任卿贰，顾专为商人指使，且有不便于国而利于商者，亦周纳而附于条款内，何漠不关心国事，至如此乎？并令交奕䜣、载铨速行核议。三日后上谕：

王茂荫身任卿贰，顾专为商人指使，且有不便于国而利于商者，亦周纳而附于条款内，何漠不关心国事，至如此乎？

并令交奕䜣、载铨速行核议。三日后上谕：

恭亲王奕䜣亲王衔定郡王载铨奏：……遵议王茂荫条陈钞法，窒碍难行一折；着即照所奏，均无庸议。宝钞之设，原以裕国便民。王茂荫由户部司员，经朕洊擢侍郎，宜如何任劳任怨，筹计万全。乃于钞法初行之时，先不能和衷共济，只知以专利商贾之词，率行渎奏，竟置国事于不顾，殊属不知大体。……王茂荫着传旨严行申饬。（《咸丰朝东华录》卷二六）

几天后就调他做兵部右侍郎，解除他对新币制的发言权。

钞法颁行后不到两年，票面价格日低，钱价愈高，票银一两宝钞一千只值制钱四五百文。主要原因除不能兑现外，还有官吏的舞弊，一方面不顾法令，不收民间票钞；另一方面又向民间收现银现钱，却另买票钞缴解。《咸丰朝东华录》卷三五记：

五年（1855）九月癸酉谕内阁：……兹据李钧奏称：河南省州县于征收钱粮时专收银钱，不收票钞。解司之时，则收买票钞，按五成搭解。以致商民于钞票不知宝贵。现在票银一两宝钞一千均止易制钱四五百文。河工领款，系八成票钞，二成现银，所领票钞，难于行使，每遇险工，无从抢护。山东省藩库，于各领款则照二成搭放，而于州县解款，并不搭收票钞，更形壅滞。

五年后京城市价银票一两，仅值钱二百余文，实银则值钱六千有余。银票二十余两始能抵银一两。钱票到咸丰十一年（1861）时也跌到每千仅值当十钱一百余文。《清史稿·食货志》五说：

钞法初行，始而军饷，继而河工，搭放皆称不便，民情疑阻。直省搭收五成，以款多抵拨，既艰搭放，遂复不肯搭收。民间得钞，积为无用。京师持钞入市，非故增值，即匿货。持向官号商铺，所得皆四项大钱，不便用。故钞行而中外兵民病之。其后京师以官号七折钱发，钞直益低落，至减发亦穷应付，钞遂不能行矣。

施行钞法的本意是补救军饷和河工的费用，所得的结果却是军营不要，河工不要，百姓不要，商人不要，连地方政府也不要了。

五

银票颁行后，钱法派提议鼓铸大钱。同年五月辛未铸当十大钱，八月庚子铸当五十大钱，四年二月甲午铸当百、当五百、当千大钱。三月铸铁制钱当十大钱。六月铸铅制钱（《咸丰朝东华录》卷二〇一二六）。铜“大钱当千至当十凡五等，重自二两递减至四钱四分。当千、当五百净铜铸造，色紫。当百当五十当十铜铅配铸，色黄。百以上文曰咸丰元宝，以下曰重宝。幕满文局名”（《清史稿·食货志》五）。

在当十、当五十大钱颁行以后，当国的王大臣又请铸当百、当五百、当千大钱，王茂荫上折极力反对。他说：

当五十之钱，市人已多私议，奸人已多私铸，第为时未久，尚未见大阻格耳。今王大臣奏请添铸当百当五百当千三种，而当千但以重二两为率，其余以次递减。为裕筹经费起见，诚为至计。此法果行，岂非大利。顾臣考历代钱法，种类过繁，市肆必扰，折当过重，废罢尤速。……若当千之钱重二两，非所谓折当太重，分量过悬殊耶？论者谓折当太重，谓其嫌于虚耳。大钱虽虚，视钞票则较实，岂钞可行而大钱转不行！不知钞法以实运虚，虽虚可实，大钱以虚作实，似实而虚。故自来行钞可数十年，而大钱无能数年者，此其明征也。论者又谓国家定制，当百则百，当千则千，谁敢有违！是诚然矣。然官能定钱之值，而不能限物之值，钱当千民不敢以为百，物值百民不难以为千。自来大钱之废，多由私铸繁兴，物价涌贵，斗米有至七千时，此又其明征也。……顾使当千当百虽不行，而当十、当五十犹可行，似不妨于一试，而臣又虑其不能也。信为国之宝，现行大钱钞票，皆属权宜之计，全在持之以信，守而不改，庶几可冀数年之利。今大钱分两式样甫经奏定，颁行各省，大张晓谕，刊刻成书，未及数月，全行变更；当五十者较向所见而忽大轻，当一百者较向之五十而犹见轻，且当五百、当千纷见错出，民情必深惶惑，市肆必形纷扰，而一切皆不敢信行。钱为人人日用所必需，裕国便民，所关甚重。万一如臣所虑，诚恐贻悔。（《王侍郎奏议》卷六《论行大钱折》）

制钱一文重一钱二分，当十钱重四钱八分，算是以四制钱的重量当十钱之用。相差尚不甚远。当千钱只重二两，则以十六制钱的重量当一千钱之用，这折当未免太悬殊了。王茂荫指出通货膨胀和物价的关系："钱当千民不敢以为百，物值百民不难以为千。"因为"官能定钱之值，而不能限物之值"。这是很有道理的。奏入政府置之不理。接着他又第二次上书反对，指出大钱之病国病民的三难二弊。他说：

今行当百以上三种大钱，与原行当五十大钱分两式样，无甚可辨。若恃字为辨，则此何以贵？彼何以贱？愚民莫解，恐致瞀乱。此其一难。钱本以便零用，今一钱而当五百当千，窃恐以易市物，难以分析，以易制钱，莫与兑换。此其二难。大钱虽准交官项，然现在准以五成搭交者有官票，有宝钞，再加大钱，何能并搭。此其三难。

然此犹其小也。最大之患，莫如私铸。论者以为私铸正可增官铸之用，可以无患。不知官钱以当千发之，以当千收之，故可无亏。若奸人以四两之铜，铸两大钱，即抵交一两官银，其亏国将有不可胜计者。旧行制钱每千重百二十两，熔之可以得六十两，以铸当千，可抵三十千之用。设奸人日销以铸大钱，则民间将无制钱可用，其病民又有不可胜言者。即此二弊，已无法杜，无论其他。

最后，他明知政府绝不肯取消认为有利可图的当五百和当千大钱，只好提出两种补救办法：第一是在当千和当五百、当百三种大钱上加钳银点，“当千者十点，当五百者五点，当百者一点”，以示贵重，辨别较易，造伪较难；第二是请求把户工两局所铸当十、当五十两种大钱划一重量。原来这两局是各自为政的，户局铸当五十钱重一两八钱，工局铸的却只重一两五钱；户局铸当十钱重六钱，工局铸的却只重五钱。请一律照工局重量改铸，使“新钱旧钱式样无甚悬殊，市肆行用，不致瞀乱”（《王侍郎奏议》卷六《再论加铸大钱折》）。这奏折政府也还是置之不理。

王茂荫所指出的大钱制的流弊和必然的后果，不久即由事实证明了。咸丰四年（1854）七月户部奏：“当千、当五百大钱，甫经行使，即形壅阏者，以折当过多，私铸益众，利之所在，法难尽除。……请将宝钞发钱行经纪，验明局铸大钱，如数收回。”并停铸当二百、三百、四百大钱。又以当百以下大钱，有奸商折算等弊，严令照钱面数目行使，不准折减（《咸丰朝东华录》卷二八），但仍壅滞不行（《清史稿》列传二〇九《文瑞传》）。咸丰五年（1855）八月扬州军营以大钱不便兵民交易，奏请停收停放（《咸丰朝东华录》卷三四）。至咸丰九年（1859）当十大钱仅值制钱一文，据袁希祖奏：

咸丰初以道梗铜少，改铸大钱。未几当百、五十皆不行，唯当十行之。始直制钱三五，近则以十当一。银直增贵，百物腾踊，民间重困。……向日制钱重一钱二分，大钱重四钱八分，以之当十，赢五钱四分。今以十当一，是反以四钱八分铜作一钱二分用也。民间私镕改铸，百弊丛生。今天下皆用制钱，独京师一隅用大钱，事不划一。请悉复旧规，俾小民易于得食，盗源亦以消弭。（《清史稿》列传二〇九《袁希祖传》）

大钱制行不通，只好“悉复旧规”，不再讲币制改革了。

隐秘的角落

千百年前的历史教训

贪污史的一章

吏治的贪污在我国整个历史上，是一个最严重、最值得研究的问题。

两个月前作者曾略举历史的例证，撰《论贪污》一文，发表于《云南日报》。在这短文中曾指出："贪污这一现象，假如我们肯细心翻读过去每一朝代的历史，不禁令人很痛心地发现'无代无之'，竟是与史实同寿！我们这时代，不应该再讳疾忌医了，更不应该蒙在鼓里自欺欺人了。翻翻陈账，看看历代覆亡之原，再针对现状，求出对症的药石，也许可以对抗建大业有些小补。"结论是，治本的办法应该是把"人"从家族的桎梏下解放出来，个人生活的独立，每一个人都为工作而生存，人与人之间无倚赖心。从家族本位的社会组织改变为个人本位的社会组织，自然，上层的政治思想文化也都随而改变。"人"能够独立存在以后，工作的收入足够生活，厚禄严刑，交互为用。社会有公开的舆论指导监督，政府中有有力的监察机关举劾纠弹，"衣食足而后知荣辱"，贪污的肃清当然可操左券。所说多属通论，意犹未尽，现在专就一个时代研究贪污的现象和背景，作为贪污史的一章。

我所挑选的一个代表时代是明朝，因为这时代离我们近，史料也较多。《明史·循吏传》说："明太祖……下逮宣仁，抚循休息，民人安乐，吏治澄清者百余年。英武之际，内外多故，而民心无土崩瓦解之虞者，亦由吏鲜贪残，故祸乱易弭也。嘉隆以后，资格既重……庙堂考课，一切以虚文从事，不复加意循良之选，吏治既已日偷，民生由之益蹙。”陈邦彦在他的《中兴政要》书中也说：“嘉隆以前，士大夫敦尚名节，游宦来归，客或询其囊橐，必嗤斥之。今天下自大吏于百僚，商较有无，公然形之齿颊，受铨天曹，得羶地则更相庆，得瘠地则更相吊。宦成之日，或垂囊而返，则群相讥笑，以为无能。士当齿学之初，问以读书何为，皆以为博科第，肥妻子而已。一行作吏，所以受知于上者非贿赂不为功，而相与文之以美名曰礼。”检《明史·循吏传》所记循吏一百二十五人，从开国到正德（1368—1521）一百五十三年中有一百二十人，从嘉靖到明亡（1522—1644）一百二十二年只有五人！清儒赵翼赞叹明代前期的吏治说：“崇尚循良，小廉大法，几有两汉之遗风。”

其实这只是一种比较的说法，事实上嘉隆以前的贪污现象并未绝迹。例如洪武时代的勾捕逃军案，兵部侍郎王志受赃二十二万，盗粮案户部侍郎郭桓侵吞至千万，诸司官吏系狱至数万人。成祖朝纪纲之作恶，方宾之贪赃，宣宗朝刘观之黩货，英宗朝王振之赂贿兢集，逯杲门达之勒贿乱政，宪宗朝汪直尚铭，武宗朝刘瑾、江彬、焦芳、韩福、张彩之权震天下，公然纳贿，几乎没有一个时代是不闹得乌烟瘴气的。和嘉靖以来的严嵩、魏忠贤两个时代比较，只是程度上的差异而已。假如像《循吏传》所说，前后两时期真有截然不同之点，那就是陈邦彦所指出的，前一时期，社会尚指斥贪污为不道德，一般士大夫还知道守身自爱，后一时期则贪污成为社会风气，清廉自矢的且被斥为无能。这一风气的变化是值得今日士大夫思之重思之的。

明代吏治的贪污如上举诸例，都已为学人所谂知，不必赘及，现在要说明的是一般的情形。前期如宣德朝可说这朝代的全盛时期，吏治最修明的一阶段了。宣德三年（1428）敕谕说："比者所司每缘公务，急于科差，贫富困于买办，丁中之民服役连年，公家所用十不二三，民间耗费，常数十倍。加以郡邑宦鲜得人，吏肆为奸，征收不时，科敛无度，假公营私，弊不胜纪，以致吾民衣食不足，转徙逃亡，凡百应输，年年逋欠，国家仓廪，月计不足。"十年后，英宗初政，三杨当国，有人上书政府，叙述地方吏治情形说："今之守令，冒牧民之美名，乏循良之善政，往往贪泉一酌而邪念顿兴，非深文以逞，即钩距之求，或假公营私，或诛求百计，经年置人于犴狱，滥刑恒及于无辜。甚至不任法律而颠倒是非，高下其手者有之，刻薄相尚而避己小嫌入人大辟者有之。不贪则酷，不怠则奸。或通吏胥以贾祸，或纵主案以肥家，殃民蠹政，莫敢谁何。"到七年后王振用事，公开的纳贿，公开的勒索，连政府仅存的一点纲纪都扫地而尽了。

到后期上下贪污相蒙，互相援引，辇毂赂遗，往来如织，民苦贪残者宦称卓异，不但不为察典所黜，而且连连升擢。地方官司捕者以捕为外府，收粮者以粮为外府，清军者以军为外府，长吏则有科罚，有羡余，刑驱势逼，虽绿林之豪，无以复加。搜括聚敛，号为常例，公开声说这钱为朝觐为考课之用，上言之而不讳，下闻之而不惊，驯至国家颁一法令，地方兴建事业，都成为官吏的利薮。以搜刮所得经营升调，“以官爵为性命，以钻刺为风俗，以贿赂为交际，以嘱托为当然，以循情为盛德，以请教为谦厚”。萧然而来，捆载而去。即使被铨司察黜，最多也不过罢官。即使被抚按弹劾，最多也不过为民。反正良田大宅，歌儿舞女，不但自己受用，连子孙的基业也已打好，区区一官，倒也无足留恋了。

入仕必由科第，科场的关节，用钱买题目的技术也发现了。做官要做宰相，行贿入阁也成公开的秘密了。科名和辅相都可用金钱取得，其他的情形当然类推可知。

纳贿的技术也随时代而进步，前期孝宗时太监李广惧罪自杀，他家登载文武大臣纳贿数目的账簿被查出，明载某人送黄米若干石，某人白米若干石。孝宗一看吓呆了，说李广能吃多少？后来才知道黄米代表金，白米代表银。后期改以雅称，号为书帕。外官和京官交际，公开有科（给事中）三道（御史）四的比例。开头还假托小书名色，列柬投递标书十册二十册，袖手授受，不让人见，有点忌讳。后来渐渐公开，由白银而黄金而珠玉，数目也逐渐增多。外官和京官出使回来的都以书帕为人情，免不得买一些新书，刻几种新书来陪奉金银珠宝。明代后期刻书之多之滥，就是这个道理。

滔滔者举世皆是也！如饮狂泉，如膺痼疾，上下男女老幼都孜孜矻矻唯利是图，唯钱是贵，不但国家民族的利益谈不到，即是家人父子夫妇兄弟朋友的感情，也以钱来决定其是否持续。

这种风气是怎样造成的？我们最好用当时人的话来说明。

第一是社会教育。读书受苦是为得科名，辛苦得科名是为做官，做官的目的是发财。由读书到发财成为一连串的人生哲学。黄省曾在《吴风录》中说：“吴人好游托权要之家，家无担石者入仕二三年即成巨富。由是无不以士为贵。而求入学庠者肯捐百金图之，以大利在后也。”谢肇淛《五杂俎》说得更明白：“今之人教子读书，不过取科第耳，其于立身行己不问也。故子弟往往有登仕而贪虐恣睢者，彼其心以为幼之受苦，政为今日耳。志得意满，不快其欲不止也。”刘宗周也说：“士习之坏也，自科举之学兴而士习日坏。明经取金紫，读易规利禄，自古而然矣。父兄之教，子弟之学，非是不出焉。士童而习之，几与性成，未能操觚，先熟钻刺，一入学校，闯行公庭。等而上之，势分虽殊，行迳一辙。以嘱托为通津，以官府为奴隶，伤风败俗，寡廉鲜耻，即乡里且为厉焉，何论出门而往？尚望其居官尽节，临难忘身，一效之君父乎？此盖已非一朝一夕之故矣。”

贪污在这种社会风气之下，习与性成，诚然，非一朝一夕之故矣！

第二是社会环境。一般读书人在得科名的一天，也就是开始负债的一天。吴应箕在他的《拟进策》里说：“士始一窭人子耳。一列贤书，即有报赏宴饮之费，衣宴舆马之需，于是不得不假贷戚友，干谒有司。假贷则期报以异日，谒见则先丧其在我。黠者因之，而交通之径熟，圆巧之习成。拙者债日益重，气日益衰，盖未仕而所根抵于仕者已如此矣。及登甲榜，费且数倍，债亦如之。彼仕者即无言营立家私，但以前此之属债给于民，能堪之乎？”甚至一入仕途，债家即随之赴任，京债之累，使官吏非贪污不可。陶奭龄说：“今寒士一旦登第，诸凡舆马仆从饮食衣服之类，即欲兴膏粱华腴之家争为盛丽，秋毫皆出债家。谒选之后，债家即随之而至，非盗窃帑藏，朘削闾阎，何以偿之？”周顺昌在做官后，被债主所逼，向他的亲戚诉苦说：“诸亲友之索债者填门盈户，甚至有怒面相詈者。做秀才时艰苦备历，反能以馆谷怡二人，当大事。今以滥叨之故，做一不干净人，五年宦游，不能还诸债主，官之累人也多矣。”这是一个不合时代的书呆子，难怪他日后死于魏忠贤之手。

第三是政治环境。皇帝要进献，得宠的内官要贿赂，内阁要，吏部也要，有关的京官也要，上层的抚按要，知府更非多送不可，层层贿赂，层层剥削。钱一本说：“以远臣为近臣府库，以远近之臣为内阁府库。”刘宗周说：“一令耳，上官之诛求，自府而道，自道而司，自司而抚而按，而过客，而乡绅，而在京之权要，递而进焉，肆应不给……”举实例如刘瑾用事时，凡入觐出使官，皆有厚献。给事中周钥勘事归，以无金自杀，令天下巡抚入京受敕，输瑾赂，延绥巡抚刘宇不至，逮下狱；宣府巡抚陆完后至，几得罪，既赂乃令试职视事。上下左右都是贪污的环境，如不照样行贿，不但做不成官，反要得罪，教人如何能不贪污！

第四是政治制度。明代官俸之薄，是有史以来所少见的。宣德时朝臣月薪只给米一石，外官不过三石，原来的俸钞，因为贬值，每贯只实值二三钱。举例说，正一品官月俸米八十七石，七品官米七石五斗。洪武时代官俸全给米，有时以钱钞折支，照物价钞一贯钱一千抵米一石，到后钞价日落，才增定每石米折钞十贯。正统时又规定五品以上，米二钞八，六品以下，米三钞七。后又改在外官月支本色米二石，其余俱支折色。照比例推算，正一品月俸得米十七石四斗，余折钞五百九十六贯，以贯值三钱计，合钱一千七百八十八文。外任正七品官知县实得米二石，得钞五十五贯，合钱一百六十五文。结果内外官都无以为生，朝官至于放遣皂隶，责以薪炭。正统元年（1436）副都御史吴讷要求增俸，举出一实例说："洪武年间京官俸全支，后因营造减省，遂为例，近小官多不能赡。如广西道御史刘准，由进士授官，月支俸米一石五斗，不能养其母妻子女，贷同官俸米三十余石，去年病死，竟负无还。"六年（1441）巡按山西监察御史曹春也上奏说："今在内诸司文臣，去家远任，妻子随行。然禄厚者月给米不过三石，禄薄者不过一石二石而已。其所折钞，急不得济。九载之间，仰事俯蓄之具，道路往来之费，亲故问遗之需，满罢闲居之用，其禄不赡，则不免移其所守，此所以陷于罪者多也。"他要求廷臣会议，酌量加俸，使其足够养廉。俸额提高以后，如仍有贪污冒法者，立置重典。可是户部以为定制难改，竟不理会。此后几十年，改折的办法虽然稍有调整，但是离生活水准还是差很远，中叶以后钞已成废纸，不值一钱，政府收入的款项改为银子，但官员的薪俸折色，却还是照定制发钞，一直未改。除去上述一切情形，单就官俸说，明代的官吏贪污也是实逼使然，是由环境造成的。

明代殉葬制度

明天顺八年（1464）正月英宗大渐，遗诏罢宫妃殉葬。这是明史上一件大事。在此以前，官妃殉葬是明代的成例。毛奇龄《彤史拾遗记》说：“初太祖……四十六妃陪葬孝陵，其中所殉惟宫人十数人。洪武三十一年七月建文帝以张凤……十一人由锦衣卫所试百户散骑舍人带刀舍人进为本所千百户，其官皆世袭，以诸人皆西宫殉葬宫人父兄，世所称朝天女户者也。成祖……十六妃葬长陵，中有殉者。仁宗殉五妃，其余三妃以年终别葬金山。宣宗殉十妃。嗣后皆无殉，自英宗始。惟景泰帝尚以唐妃殉，则天顺元年事在遗诏前。”不但是皇帝，即诸王亦有殉葬例。《明史·周王传》：“有燉正统四年薨，无子。帝（英宗）赐书有爝曰：周王在日，尝奏身后务从俭约，以省民力。妃夫人以下不必从死，年少有父母者遣归。既而妃鞏氏，夫人施氏、欧氏、陈氏、张氏、韩氏、李氏皆殉死，诏谥妃贞烈，六夫人贞顺。”帝王之薨，由群臣议殉葬，一经指定，立即执行。《彤史拾遗记·唐妃传》：“郕王薨，群臣议殉葬及妃，妃无言，遂殉之，葬金山。”

殉葬时的情形，《朝鲜李朝世宗实录》有一段记载：“六年（永乐二十二年，1424）十月戊午登极，使臣礼部郎中李琦，通政司参议彭璟言，前后选献韩氏等女皆殉大行皇帝。帝崩宫人殉葬者三十余人。当死之日，皆饷之于庭，饷辍俱引升堂，哭声震殿阁。堂上置木小床，使立其上，挂绳围于其上，以头纳其中，遂去其床，皆雉经而死。韩氏临死顾谓金黑曰：娘，吾去！娘，吾去！语未竟，旁有宦者去床，仍与崔氏俱死。诸死者之初升堂也，仁宗亲人辞诀。”韩妃、崔妃俱朝鲜人，金黑为韩妃乳母。

宫妃殉葬后，除优恤其家人外，例加死者谥号，《明英宗实录》卷三记：“宣德十年（1435）三月庚子，赠皇庶母惠妃何氏为贵妃，谥端肃。赵氏为贤妃，谥纯肃。吴氏为惠妃，谥贞顺。焦氏为淑妃，谥庄静。曹氏为敬妃，谥庄顺。徐氏为顺妃，谥贞惠。袁氏为丽妃，谥恭定。诸氏为恭妃，谥贞靖。李氏为充妃，谥恭顺。何氏为成妃，谥肃僖。谥册有曰：兹委身而蹈义，随龙驭而上宾，宜荐徽称，用彰节行。”景泰帝之崩，殉葬宫人除唐妃外，当时并曾提及汪皇后，幸为李贤所救免。《明史·景帝废后汪氏传》：“景帝崩，英宗以其后宫唐氏等殉，议及后。李贤曰：妃已幽废，况两女幼，尤可悯。帝乃已。”

从英宗以后，明代帝王不再有殉葬的定例，可是，在另一方面，自任为名教代表的仕宦阶级，却仍拥护节烈，提倡殉夫、死节。举一个例，黄宗羲《南雷文案·唐烈妇曹氏墓志铭》：“烈妇曹氏年十九归同邑唐之坦，之坦疾革，谓其夫曰：君死我不独生……除夕得间，取其七尺之余布，自经夫柩之旁，年二十五，许邑侯诣庐祭之，聚观者数千人，莫不为叹息泣下。”

明代的奴隶与奴变

一、奴隶的来源

元末明初的学者陶宗仪，在所著《辍耕录》卷十七“奴婢”条，说明这时代的奴隶情形，他指出了几点：第一是蒙古、色目人的臧获，男曰奴，女曰婢，总称为驱口，这类人是元初平定诸国所俘到的男女匹配为夫妇，所生的子孙，永为奴婢。第二是由于买卖，由元主转卖与人，立券投税，称为红契买到。第三是陪送，富人嫁女，用奴婢标拨随女出嫁。这三类来源不同，性质一样，在法律上和奴隶对称的是良人，买良为驱，就法律说是被禁止的，因为良人是国家的公民，驱口或奴隶则是私人的财产。

其次，奴隶的婚姻限于同一阶级，奴婢只可自相婚嫁，例不许聘娶良家，除非是良家自愿娶奴隶的女儿，至于奴娶良家妇女，则绝对为法律、为社会所不容许的。

主奴关系的改变，有一种情形：奴隶发了财，成为富人，主子眼红，故意找出一点小过错，打一顿关起来，到他家席卷财物而去，名为抄估。家倾了，产荡了，依然是奴才。除非是自己识相，自动献出家财以求脱免奴籍，主人出了放良凭执，才能取得自由人的身份。

在法律上，私宰牛马杖一百，打死驱口或奴隶呢，比平人减死一等，杖一百七，奴隶的生命和牛马一样！

奴婢所生的子女叫家生孩儿。

买卖奴隶的红契，据姚燧《牧庵集》十二《浙西廉访副使潘公神道碑》说：凡买卖人口，都要被卖人在契上打手指印，用的是食指，男左女右，以指纹的疏密来判断人的短长壮少。这位潘廉访就曾用指纹学，集合同年龄的十个人的指纹，来昭雪一件良人被抑为奴的冤狱。

买奴的实例，最值得我们注意的是嘉靖三十四年（1555）杨继盛的遗嘱，他在被杀前写信给儿子处分后事，有一条说：

> 麹钺，他若守分，到日后亦与他地二十亩，村宅一小所。若是生事，心里要回去，你就合你两个丈人商议告着他——原是四两银子买的他，放债一年，银一两得利六钱，按着年问他要，不可饶他，恐怕小厮们照样行，你就难管。

奴隶作为财产处分的实例，小说《今古奇观》“徐老仆义愤成家”是根据《明史》二百九十卷《阿寄传》写的，淳安徐家兄弟三人分家，大哥分得一匹马，二哥分得一头牛，老三被欺侮，分得五十多岁的老奴阿寄，寡妇成天悲哭，以为马可以骑，牛可以耕田，老奴才光会吃饭，老奴才气急了，发愤经商，发了大财，临死时说：“老奴牛马之报尽矣！”

二、《大明律》中的奴隶

驱口这一名词在明代似乎不大用了，奴隶的社会地位和生活情形却并不因为朝代之改变而有所不同。

为了维持阶级的尊严，庶民是不许蓄养奴隶的，《明律》四《户律》一：

庶民之家养奴婢者，杖一百，即放一奴婢从良。

良贱绝对不许通婚，《明律》六《户律》一：

凡家长与奴娶良人女为妻者，杖八十。女家减一等。不知者不坐，其奴自娶者罪亦如之。家长知情者减二等，因而入籍为婢者杖一百。若妄以奴婢为良人而与良人为夫妻者，杖九十，各离异改正。

奸淫的处刑也不问行为，只问所属阶级，《明律》二十五《刑律》八：

凡奴及雇工人奸家长妻女者各斩。妾各减一等，强者亦斩。凡奴奸良人妇女者，加凡奸罪一等。良人奸他人婢者减一等，奴婢相奸者以凡奸论。

殴骂杀伤也是一样，《明律》二十《刑律》三：

凡奴婢殴良人等加凡人一等，至笃疾者绞，死者斩。其良人殴伤他人奴婢者减凡人一等，若死及故杀者绞。若奴婢自相殴伤杀者，各依凡斗伤法，相侵财物者不用此律。

凡奴婢殴家长者皆斩，杀者皆凌迟处死，过失杀者绞，伤者杖一百，流三千里。

若奴婢殴旧家长，家长殴旧奴婢者以凡人论。

凡奴婢骂家长者绞。若雇工人骂家长者，杖八十，徒二年。

大体地说来，私人畜养的奴隶愈多，国家的人民就愈少，租税力役的供给就会感觉到困难。以此政府虽然为代表官僚贵族地主的少数集团利益而存在，但是，这少数集团的过分发展将要动摇政府生存的基础时，政府也会和这少数集团争夺人口，发生内部的斗争。著例如洪武五年（1372）五月下诏解放过去因战争流亡，因而为人奴隶的大量奴隶。正统十二年（1447）云南鹤庆军民府因为所辖诸州土官，家僮庄户，动计千百，不供租赋，放逸为非，要求依照品级，量免数丁，其余悉数编入民籍，俾供徭役。政府议决的方案是四品以上免十六丁，五品六品免十二丁，七品以下递减二丁，其余尽数解放，归入民籍，但是，在实际上，这些法令是不会发生效力的，因为庶民不许畜养奴隶，而畜养奴隶的人正是支持政府的这少数官僚贵族地主集团，法令只是为庶民而设，刑不上大夫，这法令当然是落空的。

三、奴隶的生活

明代统治集团畜养奴婢的数量是值得注意的，单就吴宽《匏翁家藏集》的几篇墓志铭卷五十七《先世事略》：

先母张氏，勤劳内助，开拓产业，僮奴千指，衣食必均。

七十四《承事郎王应详墓表》：

家有僮奴千指。

何乔新《何文肃公文集》三十一《故承事郎赵孺人董氏墓表》：

无锡赵氏族大资厚，僮使千指。

唐顺之《荆川先生文集》十一《葛母传》：

葛翁容庵，游于商贾中，殖其家，僮婢三百余指。

嘉靖时名相徐阶家人多至数千。至于军人贵族，那更不用说了，洪武时代的凉国公蓝玉蓄庄奴假子数千人，武定侯郭英私养家奴百五十余人。

大量奴隶的畜养，除开少数的家庭奴隶，为供奔走服役的以外，大部分是用来作为生产力量的。用于农业的例子如《匏翁家藏集》五十八《徐南溪传》：

徐讷不自安逸，率其僮奴，服劳农事，家用再起。

六十五《封文林郎江西道监察御史王公墓志铭》：

吴江王宗吉置田使僮奴隶以养生，久之，囷有余粟。

《何文肃公文集》三十《先伯父稼轩先生墓志铭》：

买田一区，帅群僮耕之。

用于商业的例子如《匏翁家藏集》六十一《裕庵汤府君墓志铭》：

世勤生殖，有兄弟八人，其仕者曰渭，他皆行货于外，其家出者，率僮奴能协力作居，而收倍蓰之息。

六十二《李君信墓志铭》：

益督僮奴治生业，入则量物货，出则置田亩，家卒赖以不堕。

用于工业的如《谷山笔麈》所记：

吴人以织作为业，即士大夫家多以纺织求利，其俗勤啬好殖，以故富庶。然而可议者如华亭相（徐阶）在位，多蓄织妇，岁计所织，与市为贾，公仪休之所不为也。

高度的劳动力的剥削，造就了这些统治集团拥有大量的财富，奴隶却过着牛马一样的生活，在精神上也被当作牛马一样看待。谢肇淛《五杂俎》十四《事部》说，福建长乐奴庶之别极严，为人奴者子孙不许读书应试，违者必群击之。新安之俗，不禁出仕，而禁婚姻。江苏娄县则主仆之分尤严，据《研堂见闻杂记》：

吾娄风俗极重主仆，男子入富家为奴，即立身契，终身不敢雁行立。有役呼之，不敢失尺寸。而子孙累世不得脱籍，间有富厚者，以多金赎之，即名赎而终不得与等肩，此制御人奴之律令也。

四、明末的奴变

奴隶在统治集团的政治和军力控制之下，他们受尽了虐待，受尽了侮辱。然而，一到这集团腐烂了，政治崩溃了，军队解体了，整个社会组织涣散无力了，他们便一哄而起，要索还身契，解放自己和他的家族了。明代末年的奴隶解放运动，可以说是历史上最光辉的一件大事。这运动从崇祯十六年到弘光元年（1643—1645），地域从湖北蔓延到江浙。

徐鼒《小腆纪年》卷二：

崇祯十六年（1643）四月，张献忠连陷麻城。楚士大夫仆隶之盛甲天下，而麻城尤甲于全楚。梅刘田李诸姓家僮不下三四千人，雄张里闾间。寇之将作也，（奴）思齐以民伍为相蔽，听其纠率同党，坎牲为盟为里仁会。诸家兢饰衣冠以夸耀之，其人遂炮烙衣冠，推刃故主，城中大乱。城外义兵围之，里仁会之人大惧，其渠汤志杀诸生六十人，而推其与己合者曰周文江为主，缒城求救于献忠。献忠自残破后，步卒多降于自成，麾下惟骑士七千人，闻麻城使至，大喜，进兵城下，义兵解围走，献忠逐入麻城，城中降者五万七千人，献忠别立一军名曰新营，改麻城为州，以文江知州事。

次年北都政权覆灭后，嘉定又起奴变，《小腆纪年》卷六：

崇祯十七年（1644）五月，嘉定华生家客勾合他家奴及群不逞近万人，突起劫杀，各缚其主而数之，倨坐索身契。苏松巡抚祁彪佳捕斩数人，余尽掩诣狱，令曰，有原主来者得免死，于是诸奴搏颡行匄原主以免。

金堡《徧行堂集》卷六：

东南故家奴树党叛主，所在横行。翁家豢奴谋乘宗祠长至之祀，围而焚之。翁即从山中，归预祭毕，门外剑戟林立，翁久以恩信孚诸健儿，里无赖闻声辄敛手。

至是出叱之去，群奴尽靡，翁密语当涂，诛其首恶，主仆之分始明。

虽然被地方政府用军力压服，可是这运动还是在继续发展，《研堂见闻杂记》记顺治三年（1646）娄县的情形：

乙酉乱，奴中有黠者，倡为索契之说，以鼎革故，奴例何得如初。一呼千应，各至主门，立逼身契。主人捧纸待，稍后时即举火焚屋，间有缚主人者。虽最相得受恩，此时各易面孔为虎狼，老拳恶声相加。凡小奚佃婢在主人所者，立即扶出，不得缓半刻。其大家不习井臼事者，不得不自举火。自城及镇及各村，而东村尤甚，鸣锣聚众，每日有数千人，鼓噪而行，群夫至家，主人落魄，焚劫杀掠，反掌间耳，如是数日而势稍定。

到建州政权在各地奠定以后，这些旧地主官僚和资本家又得到新主人的荫蔽了，他们替新主人镇压人民、维持秩序、搜括财富、征发劳役，自然，所得到的报酬是财产的尊重和奴隶的控制。

一部分人民的厄运，又因大清帝国的成立，而延续了将近三百年。

国子监

中国历史上是否有大学呢？以前有国子监或称国子学，有人便把它当作大学的前身。为什么两者可以拿来相比较呢？因有今日所指是国立大学。它，一、是政府办的。二、多在政府的中心地。三、经费由政府支出。四、还有什么我不知道。而过去的国子学或国子监也正是如此。那时也有各种补助金，相当于今日的“学术研究补助费”，也有发米发布的，相当于今日的“配给物品”。因此两个名字便连在一起了。我只拿十四世纪中叶至十五世纪初年这期间国子监的情形研究一下，看看有哪些与今日相同或不相同之处。

今天的大学门口，往往有两个杆子，一个挂国旗，一个挂党旗。过去虽然还没有国旗，但是门前的杆子，也有一根。在南京国子监，这根杆子竖立的时间有一百二十二年。它是挂学生的脑袋用的。我们可以从它看出明太祖办学校的目的。再说到学制、待遇等问题，这里面最重要最值得我们注意的一项便是学规。

首先，我想说那时朱元璋为何办学校。他常提到“教育”两个字，但意义和现在大不相同。他也是教育人才，但教育了这些人才干什么？简单的答案是训练官僚，可以叫作“官僚养成所”。为什么呢？因为他自己出身低微，是一个拿枪杆子的出身，没有多少学识，他的那帮功臣也是一样。要建立一个稳定的政治机构，却不是这帮只知道杀人放火的武将搞得来的。因为有很多事情，尤其是公文程式上，不是官所能够懂的，非用这一帮胥吏不可。但是朱元璋和他的那些功臣们早年都是吃过吏的亏的，不敢用。于是只好找读书人替他做事了。但这些当时叫读书人的知识分子都有一个毛病，他们要看准了才肯做。当朱元璋称帝的时候，离北平还远，福建两广也是他人天下，云南更不必说。很多知识分子觉得他的政权还不稳当，怕上当，不肯干。另外一种是祖先做过大官的，看不起朱元璋，也不干。朱命地方官压迫他们，还是不行。于是订出法令，不干就砍头。然而，还是不行，不得已，只好照历史的旧轨道办国子监，制造官僚人才，而美其名曰“教育”。

初办的时候规模很小，一百五十人中“官生”（官家子弟）占三分之二，“民生”只有五十人，后来越很发达，在明太祖时最多就到过九十多人。但实际上官僚子弟不必读书就可以做官，所以来国子监的并不多。于是又办府学县学，那里面的学生可以不经考试而保送入国子监。经过地方官吏的保送，再经过翰林院通过，才能入国子监。这种入国子监的方法，不是自愿的，而是选拔的。

讲到国子监的组织，第一个人就是祭酒，四品官，相当于今日的大学校长。另外有一个管理学生的官叫监丞，位不过八九品，但权力很大。学生犯了过失，有四种处罚，第一种是打板子，第二种是记过，再严重的就是充军。不但剥夺个人的公民权利，有时连他的全家也要充军。更严重的就要砍脑袋了。所以这个官相当于今日的训导长，只是他的职权不仅是训导学生，而且也训导先生，监督先生。

这种学校就是一个衙门。今日提倡“学校机关化，机关学校化”，那时却根本不是什么化不化的问题。它本身就是如此。

然则又念些什么书呢？根据学规：一、御治大诰，翻成现代语就是皇帝训词。二、大明律。三、汉朝留下的《说苑》，相当于今日小学内专讲修身的公民。四、四书五经。但经过朱元璋自己的研究，觉得孟子的思想很有问题，例如孟子书中有“民为贵，君为轻，社稷次之”“君视民如草芥，则民视君如寇仇”，等等，他都觉得不好。但是自己又弄不太通，便组织了一个“审察委员会”，把《孟子》删去了八十五条，剩下一百多条，另编成书。这还不算，他还把孟子的牌位从孔庙中搬出，开除了孟子的学籍。经过很多人的反对，他自己想想，孟子的书既然消了毒，他本身上大概也消了毒，让他复学算了；这才把孟子的牌位搬回孔庙，让他复了学。

从史料中我们可以找出两次学潮。第一次是洪武十八年（1385）。在那时，每天几乎都有学生饿死，有些饿得受不了就只好上吊。于是国子监又成了集中营。学生被学规限制了，不敢说话。这次学潮结果杀了吏部尚书和六七个同情学生的教授，这是第一次学潮。

第二次发生在洪武二十七年（1394），用现代话说应该说是“壁报风潮”。当时有个学生赵麟批评国子监的不好。事情败露后，按规定是只应该打一百下再充军的，结果是砍了头。

这些太学生训练出来干什么呢？主要是做官。

这样一个国子监，如果我们用“大学”或“教育”这些现代名词来说明它们，我觉得是侮辱了这些名词，对不起这些名词。

我们毋宁用我开头讲的“官僚养成所”这些名称。那么可以明了为什么中国历史几千年，却没有一个几千年历史的大学。这和什么校董会是没有什么关系的，因为皇帝老子便是校董。因此我又想到今天中国有些问题之所以成问题，最要紧的原因是中国的文字发生了问题。好多新东西没有新的字可用，不能不拿一些旧字旧名词来代表它们，于是一切的名词的意义便搅混了。这些混乱情形，我今天所说的虽不过是“统治教育的史例”，但这也是一个“滥用名词”的史例。因此我今天便有如此的一个结论：今天有许多人所说的那一套，也许和实际情形往往是完全不相干的。

明代的科举情况和绅士特权

明、清两代五六百年间的科举制度，在中国文化、学术发展的历史上作了大孽，束缚了人们的聪明才智，阻碍了科学的进展，压制了思想，使人们脱离实际，脱离生产，专读死书，专学八股，专写空话，害尽了人，也害死了人，罪状数不完，也说不完。

这些且不说，光就考试时的情况说，也是气死人的。明末艾南英《天佣子集》有一篇文章专讲考举人时的苦处：

考试这一天，考场打了三通鼓，秀才们即使遇到大冷天，冰霜冻结，也得站在门外等候点名。督学呢，穿着红袍坐在堂上，灯烛辉煌，围着炉子取暖，好不舒服。秀才们得解开衣裳，左手拿着笔砚，右手拿着布袜，听候府县官点名，挨个儿站在甬道里，依次到督学面前。每一个秀才，有两个搜检军侍候，从头发搜到脚跟，光着肚子光着腿，要好几个时辰才能全搜完，个个冻得牙齿打战，腰以下都冻僵了，摸着也不像是自己的皮肤。要是大热天呢，督学穿着纱衣裳，在阴凉地里，喝着茶，摇着扇子，凉快得很。秀才们呢，十百一群，挤立在尘埃飞扬的太阳地上，按制度不能扇扇子，穿的又是大布厚衣。到了考场，几百人夹坐在一起，腥气、秽气，蒸着、熏着，大汗通身，衣裳都湿透了，却一滴水也不敢入口。虽然公家有人管茶水，但谁也不敢喝，喝了就有人在你卷子上打一个红记号，算是舞弊犯规，文章尽管写得好，也要扣分，降一等。冷天也罢，热天也罢，都得吃苦头。考的时候，东西两面站着四个瞭望军，是监场的，谁也不敢抬头四面看，有人困了站一下，打一个呵欠，和隔壁考生说话，以至歪着坐，又是一个红记号打上了，算犯规，文章尽管好，也扣分，降一等。弄得人人腰脊酸痛，连大小便也不得自由，得忍着些。连动手动脚、抬头伸腰的自由也被剥夺了，苦哉！考试坐位呢，是衙门里的工吏包办的，他们得赚一点钱，贪污了一大半经费，临时对付，做得很窄小，两个手膀也张不开；又偷工减料，薄而脆，外加裂缝，坐下重一点，就怕塌下。加上同号的总有十几个人，座位是用竹子连着的，谁的手脚稍动一下，联号的座位便都动摇了，成天没个停，写的字也就歪歪扭扭了。

这篇文章写得实在好，道尽了考生的苦处，也道尽了封建统治者不把学生当人的恶毒待遇。文章里用督学的拥炉、挥扇相对衬，更把考生的苦况突出了。清朝继承了明朝这一套，《儿女英雄传》写安骥殿试时，自己背桌子考篮的情况，可以参看。

这样苦，为什么人们还是抢着考，唯恐吃不到这苦头呢？是为了做官。顾公燮《消夏闲记摘抄》记明朝人中举人的情况：

明朝末年的绅士，非常之威风。凡是中了举人，报信的人都拿着短棍，从大门打起，把厅堂窗户都打烂了，叫作“改换门庭”。工匠跟在后面，立时修整一新，从此永为主顾。接着，同姓的地主来和您通谱，算作一家，招女婿的也来了，有人来拜你做老师，自称门生。只要一张嘴，银子上千两地送，以后有事，这些人便有依靠了。出门呢，坐着大轿，前面有人拿着扇啦，掌着盖啦，诸如此类，连秀才出门，也有门斗张着油伞引路。有婚丧事的时候，绅士和老百姓是不能坐在一起的，要另搞一个房子叫大宾堂，有功名的人单坐在一起。

清人吴敬梓所作《儒林外史》，穷秀才范进中举一段绝妙文字，正是顾公燮这一段记载的绝妙注脚。

到中了进士，就更加威风了。上任做官，车啦，马啦，跟班啦，衣服用具啦，饮食用费啦，都自然会有人支应。上了任，债主也跟着来，按期还债。

即使中不了进士，光是秀才、举人，也就享有许多特权了。第一是免役，只要进了学，成为秀才，法律规定可免户内二丁差役。明朝里役负担是很重的，要是有二十亩田地的中农，假如家里不出一个秀才，一轮到里役，便得破家荡产。以此，一个县里秀才举人愈多，百姓便越穷，因为他们得把绅士的负担分担下来。第二是可以有奴婢使唤；明制，平民百姓是不许存养奴婢的，《大明律》规定：“庶民之家，存养奴婢者，杖一百，即放从良。”第三是法律的优待，明初规定一般进士、举人、贡生犯了死罪，可以特赦三次，以后虽然没有执行，但是，还是受到优待，秀才犯了法，地方官在通知学校把他开除之前，是不能用刑的。如犯的不是重罪，便只通知学校当局，加以处分了事。第四是免粮，家道寒苦，无力完粮的，可由地方官奏销豁免。因之，不但秀才自己免了役，免了赋，甚至包揽隐庇，借此发财。廪生照规定由国家每年给膏火银一百二十两，不安分的便揽地主钱粮在自己名下，请求豁免，“坐一百，走三百”，不动腿呢，每年一百二十两，多跑跑县衙门呢，一年三百两，是当时的民间口语。第五便是礼貌待遇了。顾公燮所记的大宾堂是有法律根据的，洪武十二年（1379）八月明太祖颁布法令，规定绅士只能和宗族讲尊卑的礼法，至于宴会，要另设席位，不许坐于无官者之下。和异姓无官者相见，不必答礼。庶民见绅士要用见官礼谒见。违反的按法律制裁。

有了这样多特权，吃点苦头又算什么呢？

明、清两代的知识分子，在通过考试之前，封建统治者把他们不当人看待，加以种种虐待。但是，在成为秀才、举人、进士之后，便成为统治集团的一员了，和庶民不同了，他们分享了统治阶级的特权，成为特权阶级了。最近有人讲明朝后期的情况，把秀才也算在市民里面，把他们下降为庶民，在我看来，是不符合客观存在的历史事实的。

航海攻心战术

明崇祯十五年（1642）九月，李自成决黄河，灌开封，十月，大败明督师孙传庭于郏县、南阳。十一月，清军分道入侵，连破蓟州、真定、河间、临清、兖州，北京震动。

兵科给事中曾应遴上条陈，提出航海攻心战术。大意是由政府造战船三千艘，载精兵六万，从登莱渡海，直入三韩，攻后金国腹心。这样一来，清军非退不可。崇祯帝大为嘉许，以为真是妙算，可以克敌制胜，手令“该部议奏”。

造船是工部的职掌，作战归兵部管。工部署印侍郎陈必谦复奏：照老规矩，和作战有关的工程，由兵、工二部分任，请特敕兵部分造战船一千五百艘。

内阁票拟（签呈），奉旨“工程由兵、工二部分任，即日兴工”。

造船要一笔大款子，工部分文没有，估价工料银是六百万两。于是上奏：“因内战交通断绝，地方款项不能解京。本部库藏空空，无可指拨。只有开封、归德等府积欠臣部料价银五百多万两，可以移作造船之用。”

这时候，开封被水淹没，归德等府为农民起义军占领。内阁奉旨：“着工部勒限起解，造船攻心，以救内地之急。”

兵部尚书张国维也说：“部库如洗，只有凤阳等府积欠臣部马价银四百余万两，足现在正额，不必另行设法。应速催解部，以应造船之用。”

事实上，凤阳一带经几次战争破坏，加上蝗灾、旱灾，已经近十年没有人烟了。

内阁票拟，奉旨：“下部勒限起解，以应部用。”

这是闰十月中旬的事，正当嘉许、拨款、勒限，以及“兴工”的时候，清军又已攻破东昌、兖州了。

工部想想不妙，到头来还是脱不了干系，又提出具体建议，说是：“战船经费，虽已有整个计划。但是如今京师戒严，九门紧闭。工匠绝迹，无从兴工。原有都水司主事奉派到淮安船厂打造漕船，彼处物料现成，工匠众多，不如就令带造战船，克日可成，庶不误东征大事。”

内阁又票拟，奉旨依议，特给勒谕，以专责成。

这时候已经十二月上旬了。

船厂主事没有拿到一文钱，要造三千条战船，自然办不了。又上条陈说：“造船攻心，大臣妙算，事关国家大计，当然拥护。不过臣衙门所造的是内河运粮之船，并非破浪出海之船。运船、海船，构造不同，形式不同，材料不同，帆柁不同，索缆器物不同，操驾水手不同，当然，建造的工匠也不同。如随便敷衍承造，一旦误事，负不起责任。要造海船，要到福建、广东去造，材料、工匠都合式，不如特敕闽广抚臣，勒限完工，就于彼处招募水手，由海道乘风北上，直抵旅顺口上岸，奋武以震刷皇威，快睹中兴盛事。此系因地因材，事有必然，并非推诿。”

公文上去了，到第二年二月中旬，内阁票拟，奉旨：“下部移咨福广，敕限造船，以纾京畿倒悬之急。”由都察院移咨闽广抚臣照办，是二月底的事。

五月，清军凯旋，京师解严。

九月，两广总督沈犹龙、福建巡抚张肯堂会衔奉报，第一段极口称颂阁臣的妙算，圣主的神威。第二段说臣等已经召集工人，预备木料，拥护国策，以成陛下中兴盛业。第三段顺笔一转，说是不过如今北方安定，而闽广民穷财尽，与其劳民伤财，造而不用，不如暂时停工。

内阁票拟，奉旨下部：“是！”

于是这件纠缠了一年，费了多少笔墨的航海攻心战术的公案就此结束。

所谓官僚政治，有三个字可以形容之：一骗，二推，三拖。

曾应遴要凭空建立一个六万人的海军，一无钱，二无兵，三无计划，更谈不到组织、训练、武器、服装、给养、运输、指挥这些大问题。信口胡诌，提出口头建议，这是骗。

崇祯帝何尝不明白这道理，只是明白了又怎么样呢？当时无处借款，也无人助战，无友邦支持，一切都无，总得要表示一下呀，于是手令“该部议奏”，也是骗。

工部说这工程该和兵部分任，这是推。

阁臣签呈，由兵、工两部分任，一个钱不给，叫人从纸上空出一队海军，这是骗。

工部说钱是有的，在沉沦的开封和沦陷的归德。兵部说我也有钱，在十年无人烟的淮西，这又是骗。

建议，再建议，签呈又签呈，一上一下个把月，这是拖。

骗而下不了场，又一转而推，工部把这差使推给船厂主事，船厂主事推给闽广抚臣，又是奏本、票拟，从北京到淮安，淮安到北京，又从北京到闽广，闽广到北京（中间还有从闽到广，从广到闽，会衔这一段公文旅行）。来来去去，去去来来，半年过去了，从推又产生拖的作用，推和拖本质上又都是骗。

最后，清兵撤退了，皆大欢喜，内阁以一“是”字了此公案。大事化为小事，小事化为无事。

从骗到推，到拖，而无。这故事是中国官僚政治的一个典型例子。

也有人说，过去中国的政治，是无为政治，那么，就算这是一个无为政治的故事吧。

碰头和御前会议

清末大学士瞿鸿机的《儤直、遇恩，《圣德纪略》和金梁（息侯）的《四朝见闻》《光宣小纪》两书，有许多地方可以互相印证。

在瞿中堂的书里，所见到的满纸都是碰头，见皇上碰头，见太后碰头，上朝碰头，索荷包碰头，赐宴碰头再碰头。碰头大概和请安不同，据金息侯的记载，请安是双膝跪在地下，两手垂直的，而碰头则除此以外，似乎还得弯腰把额角碰在地面上吧。《汉书》上邓通见丞相申屠嘉首出血不解，大概是清人所谓碰响头，碰得额角坟起，以至出血。古书上所谓“泥首”，大概也是以首及泥的意思。不过，虽然碰头于古有据，而碰头之多、之数、之为人津津乐道，满纸都是，则未可以为渊源于古，只能说是清代的特色。

清人做官的秘诀，相传有六个字：“多碰头，少说话。”

年老的官僚多半要做一个护膝，即在膝盖上特别加上一块棉质的附属品，以为长跪时保护膝盖之用。

左宗棠有一次在颐和园行礼，跪久了，腰酸向前伏了一会儿，立时被弹劾，以为失仪。

军机大臣朝见两宫议事，一顺溜跪在拜垫上，有几个便殿，地方窄挤成一团，名位低的军机跪得比较远，什么也听不见，议是谈不上的。

照例，一大堆文件，皇太后翻过了，出去上朝，在接见第一批臣僚的短短时间内，军机大臣几人匆匆翻了一下，到召见时，有的事接头，大部分都莫名其妙。两个坐着，一群人跪着，首班跪近，还摸得着一点说什么，其余的便有点不知所云了。往往弄得所答非所问，丈二和尚摸不着头脑。说了一阵子，国家大事小事便算定局。

议政王大臣会议也是这个作风，小官说不了话，大臣不敢说话，领班的亲王不知道说什么话，讨论谈不上，争辩更不会有。多半是亲王说如此如此，大家点头，散会。以后再由属员拟稿，分送各大臣签署奏报。

金息侯叹气说：“这真是儿戏！”其实儿戏又何可厚非，小孩子到底天真，这批老官僚的天真在哪里？地地道道的官僚作风而已，儿戏云乎哉！

第六编

底层的逻辑

百姓们的烟火日常

历史上国民的身份证

一

今天在各地所施行的国民身份证制度，尽管立法的人是自以为学的“先进”国家的衣钵，其实，仔细研究一下，形式虽欧化，骨子里的精髓，却道道地地是东方的，这有其历史上的根源，我的意思是说，这一套办法确是两千年来的统治术的复活，旧内容、新形式。

我愿意以历史学者的立场，对这问题加以历史的探索。

从历史上来考研身份证制度，这东西古代叫作传，唐代叫作过所，宋代称为公凭，明代则名为路引。凡外国人入境，本国人从甲地到乙地，都必须随身携带，证明他的身份职业、行李多少和旅行目的，尤其是年龄。在征兵制度下，合于兵役年龄的壮丁，是不许可无故离开所属的兵役区的，没有身份证的，不是罪犯，便是逃兵，关津不许通过。君权的支柱之一是军队，身份证是保障兵源的重要措施。君权的永固必须铲除异己的力量，无论是思想上或行动上的反对者，身份证恰恰保证了这一点。明代军民分开，路引制度的重点就特重在防闲人民，把人民圈禁在土地上，使之不能动弹。

二

王国维《简牍检署考》："传信有二种，一为出入关门之传，郑氏《周礼注》所谓若今过所文书是也。"《周礼·地官·司徒》郑注："传如今过所文书，当载人年几及物多少，至关至门，皆别写一通入关家门家，乃案勘而过，其内出者义亦然。"崔豹《古今注》记传之形制说："凡传皆以木为之，长五寸，书符信于上，又以一板封之，皆封以御史印章，所以为信也，如今之过所也。"《汉书·文帝纪》："十二年（前168）三月除关无用传。"注："张晏曰：传，信也，若今过所也。如淳曰：两行书帛，分持其一，出入关合之乃得过，谓之传也。李奇曰：传，棨也。师古曰：张说是也。古者或用棨，或用缯帛，棨者刻木为合符也。"由此知古代之传，即后代之过所，传有两种，一种用木，一种用帛，都有正副两份。

汉代的传，或用或废，前后不一，文帝十二年废传，景帝时复置，武帝初年又废。《汉书·窦婴传》说："文帝时除关无用传，景帝四年（前153）以七国反复置。武帝时窦婴为丞相，复除之。"婴死后，又恢复了。《终军传》说："年十八选为博士弟子……从济南当诣博士，步入关，关吏予军繻，军问：以此何为？吏曰：为复传，还当以合符。军曰：大丈夫西游，终不复传还，弃繻而去。军为谒者，使行郡国，建节东出关，关吏识之曰：此使者乃前弃繻生也。"窦婴以汉武帝建元元年（前140）为丞相，元光四年（前131）死，除传当是这十年内的事。终军年十八为博士弟子，元朔五年（前124）六月置博士弟子五十八。死时年二十余，故世谓之终童。军入关至长安上书言事，拜为谒者给事中，从上幸雍，祠五畤，获白麟一角而五蹄，由是改元为元狩（前 122）。军入关时已复用传，知复传当在元朔五年以前。《汉书》注："张晏曰：繻音须，繻，符也。书帛裂而分之，若券契矣。苏林曰：缟，帛边也。旧关出入皆以传，传烦，因裂繻头，合以为符信也。"复传，师古注曰："复，返也，谓返出关，更以为传。"由此知汉武帝复传以后，传的形制渐趋简单化，过关才用，管传的便是关吏。又知平民出入关用传，朝廷使者仗节出入，便用不着了。这制度似乎到东汉还因仍旧贯，《后汉书·郭丹传》说："后从师长安，买符入函谷关。乃慨然叹曰：'丹不乘使者车，终不出关。'"注："符即繻也，买符非真符也。《东观纪》曰：丹从宛人陈洮买入关符，既入关，封符乞人也。"和终军的故事一样，所不同的是终军是地方保送到长安受学的博士弟子，有官方的证明文件，关吏无条件予繻。郭丹则是以私人身份入关，而入关是要证明的，得想法从宛人陈洮买繻。从"买"字说，必定得付一笔钱，也是可想而知的。

隋代叫传作公验，《隋书·高祖纪》："开皇十八年（598）九月庚寅，敕客舍无公验者，坐及刺史、县令。"

唐代叫作过所，定制最为详密。《旧唐书·职官志》："尚书刑部司门郎中、员外郎（各一人）之职，掌天下诸门及关出入往来之籍，赋而审其政。……关所以限中外，隔华夷，设险作固，闲邪正禁者也。凡关呵而不征。……凡度关者，先经本部本司请过所，在京则省给之，在外则州给之，而虽非所部，有来文者，所在亦给（出塞逾月者给行牒，猎手所过给长籍，三月一易）。”地方则有户曹司户参军，专掌户籍计账，道路过所。关有关令，凡行人车马出入往来，必据过所以勘之。《唐律疏议·卫禁》：“诸私度关者徒一年，越度者（不由门为越）加一等。疏议曰：水陆等关，两处各有关禁。行人来往，皆有公文，谓驿使验符券，传送据递牒，军防丁夫有总历，自余各请过所而度。若无公文私从关门过，合徒一年。越度者谓关不由门，津不由济而度者，徒一年半。诸不应度关而给过所（取而度者亦同），若冒名请过所而度者，各徒一年。疏议曰：不应度关者，谓有征役番期及罪谴之类，皆不合辄给过所，而官司辄给，及身不合度关而取过所度者，若冒他人名请过所而度者，徒一年。”过所必须本人执用，如家人相冒，杖八十。主司及关司知情，各与同罪。甚至家畜出入亦需请过所。诸关津度人，无故留难者，一日主司笞四十，一日加一等，罪止杖一百。若军务急速而留难不度，致稽废者，自从所稽废重论。诸私度有他罪重者，主司知情，以重者论。疏议曰：或有避死罪逃亡，别犯徒以上罪，是各有他罪重，关司知情者，以故纵罪论，各得所度人重罪。到宝应元年（762）因军务关系，又令骆谷、金牛、子午等路，往来行客所将随身器仗，今日以后，除郎官御史诸州都统进奉等官，任将器械随身，自余私客等，皆须过所上具所将器械色目，然后放过。如过所上不具所将器械色目数者，一切于守捉处勒留。

唐过所形制，据日本《三善清行智证大师传》所录圆城寺所藏圆珍过所，依原来的款式，移录如下：

越州都督府

日本国内供奉敕赐紫衣僧圆珍年四十三行者丁满年五十驴两头并随身经书衣钵等

上都已来路次检案内人二驴两头并经书衣钵等

得状称仁寿三年七月十六日离本国大中七年九月十四日到唐国福州至八年九月二十日到越州开元寺听习今欲

略往两京及五台山等巡礼求法却来此听读恐

所在州县镇铺关津堰寺不练行由伏乞给往

还过所勘得开元寺三纲僧长泰等状同事须给过所者准给者此已给讫幸依勘过

大中九年三月十九日给

府

功曹参军史丞

潼关六月十五勘入

仁寿是日本文德天皇年号，仁寿三年当唐宣宗大中七年，公元 853 年。

唐末扰乱，政府统治力量一天比一天弱，过所制度也自然而然地破坏了。梁开平三年（909）政府想重新整顿，加强控制，特派宰相专管。《五代会要·司门》："十月敕，过所先是司门郎中员外郎出给，今寇盗未平，恐漏奸诈，宜令宰臣赵光逢专判。凡出给过所，先具状经中书点检判下，即本司郎中据状出给。"到后汉乾祐元年（948）又敕："左司员外郎卢振奏，请应有经过关津州府诸色人等，并须于司门请给公验，令所在辨认，方可放过，宜依所陈，颁示天下。”据《旧五代史·杨邠传》：“邠既专国政……自京师至诸州府，行人往来，并须给公凭。所由司求请公凭者，朝夕填咽，旬日之间，民情大扰，行路拥塞，邠乃止其事。”公凭《新五代史》作过所。乾祐上距开平，不过四十年，乾祐的办不通，那么，开平的怕也是纸面文章吧。宋代继承杨邠的办法，也叫公凭。使用的人似乎以商旅为最多，李焘《续资治通鉴长编》一〇六：“天圣六年（1028）九月癸丑，益州钤辖刘承颜言：商旅入川无公凭者，多由葭萌私路往，请如剑门置关，仍令逐处给公凭，至者察验之，诏从其请。”便是一例。

从汉唐两代的制度推测，据《唐律》，有征役番期及罪谴之人，皆不合给过所，可以知道过所的主要作用，是防止军士或后备军的逃亡，附带的才是罪人或逃犯的度越。汉行征兵制，唐行府兵制，传或过所必须载明身份、年龄、籍贯，为的是防止合龄壮丁军伍的逃匿，是保障兵源的重要手段。汉末征兵制度破坏，代以募兵，唐后期藩镇割据，朝廷和藩镇都以募兵作战，由此，也可以了解从汉末到魏晋南北朝这一段和唐末到元这一时期，关于身份证制度记载不详的原因了。

三

公凭在明代叫作路引，军民往来，必凭路引，违者关津擒拿，按律治罪。

假如汉唐的传和过所，目的是偏重在保障兵源的话，那么，明代的路引，用意是偏重在钳制、束缚、管辖和镇压人民。

要明白明代路引制度的作用，最好用创立这制度的人自己的话来说明。明太祖在洪武十九年（1386）颁行的《御制大诰续编》里几次提到路引。他要四民各安其业，特别指出要互知丁业，也就是互相监视。训词说："先王之教，其业有四，曰：士农工商。昔民从教，专守四业，人民大安。异四业而外乎其事，未有不堕刑宪者也。朕本无才，曰先王之教，与民约告，诰出，凡民邻里，互相知丁，互知务业，俱在里甲。县府州务必周知，市村绝不许有逸夫。若或异四业而从释道者，户下除名。凡有夫丁，除公占外，余皆四业，必然有效。若或不遵朕教，或顽民丁多，及单丁不务生理，捏巧于公私，以构患民之祸，许邻里亲戚诸人等，拘拿赴京，以凭罪责。若一里之间，百户之内，见诰仍有逸夫，里甲坐视，邻里亲戚不拿其逸夫者，或于公门中，或在市间里，有犯非为，捕获到官，逸夫处死，里甲四邻，化外之迁，的不虚示！"人人都安于四业，才好统治。

所谓逸夫，是不务四业之人，专会煽惑鼓动，不说"明王出世"，就喊"弥勒降生"，像元末传播革命的彭莹玉、韩山童、郭子兴和他自己，都是好例子。要清除这类危险分子，必须知丁。如何知丁？"知丁之法，某民丁几，受农业者几，受士业者几，受工业者几，受商业者几。"也就是调查户口，这一项他已经花了十几年工夫，调查停当，作了户帖（户口卡片）和黄册（户口调查清册），并且把户口编成里甲，十户为甲，十甲为里。甲有甲长，里有里长，头头是道了。问题是如何才能保证每一丁都是安分良民呢？一个方法是互相监视，“且欲士者志于士，进学之时，师友某氏，习有所在，非社学则入县学，非县必州府之学，此其所以知士丁之所在。已成之士为未成士之师，邻里必知生徒之所在，庶几出入可验，无异为也。”学生是有学籍的，先生有人看着，也不会有异为。至于农民，“农业者不出一里之间，朝出暮入，作忌之道互知焉。”大家都彼此知道的，可以放心。这两类人假如要出门，离家百里之外，就必得有路引来证明身份。至于工人和商人，流动性较大，“专工之业，远行则引明所在，用工州里，往必知方，巨细作为，邻里探知。巨者归迟，微者归疾，出入有不难见也。商本有巨微，货有重轻，所趋远迩水陆，明于引间，归期艰限其业，邻里务必周知。若或经年无信，二载不归，邻里当觉之询故，本户若或托商在外非为，邻里勿干”。工商人外出，引上是载明远近和水陆路程的，邻里有责任调查明白，过期要向官府报告，才脱得了干系。为什么要这样做呢？是怕“使民恣肆冗杂，构非成祸，身堕刑宪，将不得其死者多矣”。一句话，复杂得很，危险得很。接着他又提出辨验丁引的诰词：“此诰一出，自京为始，遍布天下，一切臣民，朝出暮入，务必从容验丁。市村人民舍客之际，辨人生理，验人引目相符而无异。然犹恐托业为名，暗有他为，虽然业兴引合，又识重轻巨微贵贱，倘有轻重不伦，所赍微细，必假此而他故也。良民察焉。”验商引物：“今后无物引老者（引老是引已过期者），虽引未老，无物可鬻，终日支吾者，坊厢村店拿捉赴官，治以游食，重则杀身，轻则黥窜化外。设若见此不拿，为他人所获，所安（住）之处，本家邻里罪如上。”凡是良民，都要自动辨验生人的引目，要注意引和人相符、和货相符，如有问题，要立刻擒拿赴官，否则，要处连坐之罪。这样一来，就构成了一个全体四民的天罗地网，人人都是侦察调查的对象，“逸夫”就无所逃于天地之间，皇基也就永固了。

根据这原则制定的法律，《弘治会典》一一三：“凡军民人等往来，但出百里者，即验文引。凡军民无文引，及内官内使来历不明，有藏匿寺观者，必须擒拿送官，仍许诸人首告。得实者赏，纵容者同罪。”又“凡天下要冲去处，设立巡检司，专一盘诘往来奸细，及贩卖私盐，犯人逃军逃囚，无引面生可疑之人，须要常加捉督。”《明律·兵律》：“凡无文引私度关津者，杖八十。关不由门，津不由渡而越度者，杖九十。若越度缘边关塞者，杖一百，徒三年，因而出外境者绞。若军民出百里之外不给引者，军以逃军论，民以私度关津论。”法意和《唐律》相同，但把军民的活动范围，限于百里之内，也就是把人民的生活圈禁在生长的土地上，法律造成了无形的百里宽广的监狱，则又比汉唐严酷得多了。

这制度就许多史料看来，在明代是被严格执行着的。如《大诰续编》第二十二《粮长瞿仲亮害民》：“上海县粮长瞿仲亮拘收纳户各人路引，刁蹬不放回家。”由这例子，可见纳粮户没有路引，是不能回家的。如《明太祖实录》八十三：“洪武六年（1373）六月癸卯，常州府吕城巡检司盘获民无路引者，送法司论罪。问之，其人以祖母病笃，远出求医，急，故无验。上闻之曰：此人情可矜，勿罪释之。”这一例子又说明了请引要用相当时间。如祝允明《前闻记》："洪武中，朝旨开燕脂河，大起工役，先曾祖焕文与焉。时役者多死，先曾祖独生全。工满将辞归，偶失去路引，分该死。"则替政府服役也要路引，失路引且有死罪。《明英宗实录》四十四："正统三年（1438）七月甲申，湖广襄阳府宜城县知县廖仕奏：诸处商贾给引来县生理，因见地广，遂留恋不归，甚至娶妻生子，结党为非，宜加禁防。事下行在户部，以为宜督责归家，其有愿占籍于所寓以供租赋者，听从之。"陆楫《蒹葭堂杂著》："宗人有欲商贾四方以自给者，听从有司关给路引以行，回籍之日，付本府长史司验引发落，有司附册填注，以凭抚案刷卷类查。"前一例是普通商贾，后一例则是皇家商人了。陆容《菽园杂记》十："成化末年，京师多盗，兵部尚书余公议欲大索京城内外居民，乃差科道部属等官五十员，分投街巷，望门审验。时有未更事者，凡遇寄居无引者悉以为盗，送系兵马司。"大索即大检查户口，也可译为户口普查。寄居无引者都被捕送官，则可见在原则上，当时的外籍侨寓人也必须有引了。朱国桢《涌幢小品》卷二十《万里寻亲记》："万历乙亥（1575）云南大理府太和县人赵重华请路邮于郡太守以出，从丹阳过毗陵，被盗攫其资去，所遗者独胸囊路邮耳。"又卷十二："陈淡，江都人，尝按云南，遣人诣其家文书匣检阅，有江西贩客路引。"张居正《张文忠公集·书牍十二·答台长陈楚石》："巡检官职虽卑，关系甚重，此官若得其职，则诘盗查奸，功居地方有司之半，非浅鲜也。况近奉旨清查路引，严关隘，则此官尤当加意者，亟宜题请修复。"从这三个例子看来，一直到十六世纪后期，路引制度还是明朝政府所奉行的控制人民的统治术，张居正做宰相，甚至还着实地整顿了一下。

明代的引也像汉代一样，是要付钱买的，《大诰》第二十一《勾取逃军》："兵部勾取逃军，其布政司府州县贪图贿赂，不将正犯解官，往往拿解同姓名者……父母妻子悲啼送礼……有司刁蹬，不与引行。既而买引，沿途追赶。"得引不容易，管引的官也有拿卖引生利的，《大诰续编》第三十八《匿奸卖引》："南城兵马指挥赵兴胜，警巡坊厢，路引之弊赃多，凡出军民引一张，重者（钞）一锭，中者四贯，下者三贯，并无一贯两贯引一张者。其引纸皆系给引之人自备。兴胜却乃具文关支，三年间一十五万有奇，已往七年不追，止追十八年半年纸札，其钞已盈万计。"

因为有引便可保证行旅的安全，关津的查诘，因之就发生空引（空白路引）的问题，不能不用严刑取缔。《大诰三编》第五《空引偷军》："所在官民，凡有赴京者，往往水陆赴京，人皆身藏空引，及其至京，临归也，非盗逃军而回，即引逃囚而去。此弊甚有年矣。今后所在有司，敢有出空引者、受者皆枭，令籍没其家。关津隘口及京城各门盘获空引者赏钞十锭，赍引者罪如前，拿有司同罪。"

唯一例外，不需路引的是到京都去告密的地主豪绅，《大诰》第四十六《文引》："凡布政司府州县耆民人等赴京而奏事务者，虽无文引，同行人众，或三五十名，或百十名，至于三五百名，所在关津把隘关去处，问知而奏，即时放行，毋得阻当。阻者，论如邀截实封律。”

除了大量的军队镇压，除了层层的官僚统治，除了大规模的屠杀，除了锦衣卫和东、西厂的特务恐怖，明代还应用自古以来从传到过所这一套制度，把它发展，严密地组织。以人民为假想敌，强迫人民互知（互相侦察）举发，没有一丝漏洞，构成了窒杀人民、囚禁人民的天罗地网，来维持朱家万世一系专制、独裁、昏淫、残暴的统治，这就是明代的路引制度。

有了这一套，洪武十五年（1382）明太祖安心地叫户部榜谕两浙江西之民说：“为吾民者当知其分。田赋力役出以供上者，乃其分也。能分其分，则保父母妻子，家昌身裕，为仁孝忠义之民，刑罚何由及哉！近来两浙江西之民，多好争讼，不遵法度，有田而不输租，有丁而不应役，累其身以及有司，其愚亦甚矣！曷不观中原之民，奉法守分，不妄兴词讼，不代人陈诉，惟知应役输租，无负官府，是以上下相安，风俗淳美，共享太平之福。以此较彼，善恶昭然。今将谕尔等，宜速改过迁善，为吾良民，苟或不悛，则不但国法不容，天道亦不容矣。”人民出粮出丁是本分，不出，不但国法不容，连天道也不容。至于为什么要出粮出丁，出了能得什么好处，不但明太祖和他的子孙没有说过，连想也从来没有想到过。

宋元以来老百姓的称呼

旧戏上小生的道白，常有学名什么，官名什么，足见在封建社会里学生上学起学名，一旦作了官又有官名。那么，没上学，没做官以前，平常老百姓叫什么呢？戏文上凡是旅店里的服务员，一律都叫作店小二。至于一般人，因为史书上很少记载老百姓的事情，多年来也只好阙疑了。

求之正史不得，只好读杂书，读了些年杂书，这个疑算是解决了。原来阶级的烙印，连老百姓起名字的权利也不曾放过。在古代封建社会里，平民百姓没有功名的，是既没有学名，也没有官名的。怎么称呼呢？用行辈或者父母年龄合算一个数目作为一个符号。何以见得？清俞樾《春在堂随笔》卷五说：

徐诚庵见德清蔡氏家谱有前辈书小字一行云：元制庶人无职者不许取名，而以行第及父母年龄合计为名，此于《元史》无征。然证以高皇帝（明太祖）所称其兄之名，正是如此，其为元时令甲无疑矣。现在绍兴乡间颇有以数目字为名者，如夫年二十四，妇年二十二，合为四十六，生子即名四六。夫年二十三，妇年二十二，合为四十五，生子或为五九，五九四十五也。

俞樾又引申徐诚庵之说，指出明初常遇春的曾祖四三，祖重五，父六六。汤和曾祖五一，祖六一，父七一，亦以数目字为名。他又引宋洪迈《夷坚志》所载宋时杂事，有兴国军民熊二、鄱阳城民刘十二、南城田夫周三、鄱阳小民隗六、符离人从四、楚州山阳县渔者尹二、解州安邑池西乡民梁小二、临川人董小七、徽州婺源民张四、黄州市民李十六、仆崔三、鄱阳乡民郑小五、金华孝顺镇农民陈二等等。根据这些例子分析，其一，这些人都是平常百姓，其二，地区包括现在的安徽、浙江、江西、山西、湖北等地，其三，称呼都以排行数字计算，因此，下的结论是“疑宋时里巷细民，固无名也”。

其实，宋代平民姓名见于《清明集·户婚门》的很多，如沈亿六秀、徐宗五秀、金百二秀、黎六九秀之类。明太祖的父亲叫五四，名世珍，二哥重六名兴盛，三哥重七名兴祖，明太祖原来也叫重八，名兴宗，见潘柽章《国史考异》引承休端惠王统宗《绳蛰录》，可见明太祖一家原来都以数字命名的。至于世珍兴宗这一类学名官名性质的名字，大概都是明太祖爬上统治阶级以后所追起的。

明初安徽地区的平民如此，江苏也是如此。例如张士诚原名九四，黄溥《闲中今古录摘抄》说：“有人告诉朱元璋，张士诚一辈子宠待文人，却上了文人的当。他原名九四，做了王爷后，要起一个官名，有人替他起名士诚。朱元璋说：‘好啊，这名字不错。’那人说：‘不然，上大当了。’孟子上有：‘士，诚小人也。’这句话也可以读作：‘士诚，小人也。’骂张士诚是小人，给人叫了半辈子小人，到死还不明白，真是可怜。”可见张士诚的名字也是后来起的。

不只是宋、元，明初以及清朝后期的绍兴，甚至到清朝末年以至民国初年，绍兴地方还保留着这个阶级烙印的传统，不信吗？有鲁迅先生的著作为证。他在《社戏》一文中所列举的人名就有八公公、六一公公之类，在另一篇中还有九斤老太呢。

上面讲到宋朝的人名下面有带着秀字的，秀也是宋、元以来的民间称呼，是表示身份地位的。明初南京有沈万三秀，是个大财主，让明太祖看中了，被没收家财，还充军到云南。秀之外又有郎，王应奎《柳南随笔》卷五说："江阴汤廷尉公《余日录》云：明初闾里称呼有二等，一曰秀，一曰郎。秀则故家右族，颖出之人，郎则微裔末流，群小之辈。称秀则曰某几秀，称郎则曰某几郎，人自分定，不相逾越。"可见从宋到明，官僚贵族子弟称秀，市井平民则只能称郎，是不能乱叫的。沈万三称秀是因为有钱。另一个例子，送坟地给朱元璋的那个刘大秀则是官僚子弟，光绪《凤阳县志》卷十二："刘继祖父学老，仕元为总管。"继祖排行第一，所以叫作大秀。

这样，也就懂得戏文里演的民间故事，男人叫作什么郎的道理了。也就难怪卖油郎独占花魁这个故事，秦小官卖油，就叫作卖油郎的来由了。还有，明清两代社会上有一句话"不郎不秀"，是骂人不成材，高不成低不就的意思，一直到现代，还有些地区保留这句话，却很少人懂得原来的含义了。

从以上一些杂书，可以看出，宋元明以来的平民称呼情况，这类称呼算不算名字呢？不算。也有书可证。明太祖出家时得到过汪刘两家人的帮助。作了皇帝后他封这两家人做官，还送给这两家青年时代的朋友两个名字，《明太祖文集》卷五赐汪文、刘英敕："今汪姓刘姓者见勤农于乡里，其人尚未立名，特赐之以名曰文，曰英。"汪文、刘英的年龄假定和明太祖相去不远，至正四年（1344）约年十七八岁，那么，到洪武初年已经四十多岁了，还没有名字。其道理是做了一辈子农民。可见他们原来的无论行辈或者合计父母年龄的数字符号都不能算名字，没有上过学，没有做过官，也就一辈子做个无名之人。这两个人因为和皇帝有交情，做了署令史官，做官应该有官名，像个官样子，圣旨赐名，才破例有了名字。

这也就难怪正史上从来不讲这个事情的道理了。不但"《元史》无征"，什么史也是无征的道理了。

古人的坐、跪、拜

年轻时候看旧戏，老百姓见官得跪着，小官见大官得跪着，大官见皇帝也得跪着，跪之不足有时还得拜上几拜，心里好生纳罕，好像人们长着膝盖就是为着跪、拜似的。为什么会有这种礼节呢？

后来读了些书，证明戏台上的跪、拜确是反映了古代人们的生活礼节。例如清末大学士瞿鸿禨的日记上就记载着清朝的宰相们和皇帝、皇太后谈话的时候都一溜子跪在地上，他们大多数人都年纪大了，听觉不好，跪在后边的听不清楚皇帝说的什么，就只好推推前边跪的人问到底说的是什么。有的笔记还记着这些年老的大官怕跪久了支持不住，特地在裤子中间加衬一些东西，名为护膝。而且不只是宫廷、官府如此，民间也是这样的。如蔡邕《饮马长城窟行》："长跪读素书，书上竟何如？"古诗："上山采蘼芜，下山逢故夫。长跪问故夫，新人复何如？"《后汉书·梁鸿传》说孟光嫁给梁鸿，带了许多嫁妆，过门七天，梁鸿不跟她说话，孟光就跪在床下请罪。《孔雀东南飞》："府吏长跪答，伏维启阿母。"可见妇女对男子、儿子对母亲也是有长跪的礼节的。这到底是什么缘故呢？

原来古代人是席地而坐的，那时候没有椅子、桌子之类的家具，不管人们在社会上地位的高低，都只能在地上铺一条席子坐在地上。例如汉文帝和贾谊谈话谈到夜半，谈得很投机，文帝不觉前席，坐得靠近贾谊一些听取他的意见。至于三国时代管宁和华歆因为志趣不同割席的故事，更是尽人皆知不必细说了。正因为人们日常生活学习也罢工作也罢都是坐在地上的，所以跪、拜就成为表示礼节的方式了。宋朝朱熹对坐、跪、拜之间的关系有很好的说明。他说：“古人坐着的时候，两膝着地，脚掌朝上，身子坐在脚掌上，就像现在的胡跪。要和人打招呼，肃拜就拱两手到地；顿首呢，是把头顿于手上；稽首则不用手而以头着地，像现在的礼拜。这些礼节都是因为跪、坐着而表示恭敬的。至于跪和坐又有小小不同处：跪是膝着地伸腰及股。坐呢？膝着地以臀着脚掌。跪有危义，坐则稍安。”

从朱子这篇文章看来，宋朝人已经弄不清跪、坐、拜的由来了，所以朱熹得做这番考证。

有人不免提出疑问：人们都坐在地上，又怎么能工作和吃饭呢？这也不必担心，古人想出了办法，制造了一种小案放在席上，可用以写字、吃饭。梁鸿和孟光夫妻相敬如宾吃饭的时候，孟光一切准备好了，举案齐眉。把案举高到齐眉毛。这个案是很小、很轻的。要不然像今天一般桌子那样大小，孟光就非是个大力士不可。

因为古代人们都是坐在地上的，所以就得讲清洁卫生，要不然一地的灰尘，成天坐着，弄得很脏，成何体统？

到了汉朝后期，北方少数民族的一种家具——胡床传进来了。行军时使用非常方便，曹操就曾坐在胡床上指挥作战。后来从胡床一变而为家庭使用的椅子。椅子高了就得有较高的桌子，从此人们就离开了席子，不再席地坐，改为坐椅子、凳子了。家庭也罢，机关也罢，内部的陈设也随之而改变了。

人们的生活环境起了很大的变化，但是根据席地而坐滋生的礼节跪和拜却仍旧习惯地继承下来。坐和跪、拜分了家，以此跪和拜也就失去了原来生活上的意义，单纯地成为表示敬意和等级差别的礼节了。

由此看来不是我们的祖先喜爱跪、拜，而是由生活方式、物质条件决定的。辛亥革命以后，不止革了皇帝的命也革了跪、拜的命，不是很好的说明吗？

古代服饰及其他

在封建社会里，也和今天一样，人人都要穿衣裳。但是，有一点不同，衣裳的质料、颜色、花饰有极大讲究，不能随便穿，违反了制度，就会杀头，甚至一家子都得陪着死。原来那时候，衣裳也是表示阶级身份的。以质料而论，绸、缎、锦、绣、绡、绮等等都是统治阶级专用的，平民百姓只能穿布衣。以此，布衣就成为平民百姓的代名词了。有些朝代还特地规定，做买卖的有钱人，即使买得起，也禁止着用这些材料。以颜色而论，大红、鹅黄、紫、绿等染料国内产量少，得从南洋等地进口，价格很贵。数量少，价钱贵，色彩好看，这样，连色彩也被统治阶级专利了。皇帝穿黄袍，最高级的官员穿大红，大紫，以下的官员穿绿，皂隶穿黑。至于平民百姓，就只好穿白了，以此，“白衣”也成为平民百姓的代名词。至于花饰，在袍子上刺绣或者织成龙、凤、狮子、麒麟、蟒、仙鹤、各种各样的鸟等等，也是按贵族、官僚的地位和等级分别规定的。平民百姓连绣一条小虫儿小鱼儿也不行，更不用说描龙画凤了。不但如此，在统治阶级内部，也有极大讲究。例如龙袍，只有皇帝才能穿；绣着凤的服装，只有皇后才配穿。即便是最大的官僚，如穿这样的服装，就犯“僭用”“大逆不道”的罪恶，非死不可。北宋时有一个大官僚，很能办事，也得到皇帝信任。有一次多喝了一点酒，不检点穿件黄衣服，被人看见告发，几乎闯了大祸。明太祖杀了很多功臣，其中有几个战功很大的，被处死的罪状之一是僭用龙凤服饰。本来，贵族、官僚和平民都一样长着眼睛鼻子，一样黄脸皮，黑头发，一眼看去，如何能分出贵贱来？唯一区别的办法是用衣裳的质料、色彩、花饰，构成等级地位的标识。特别是花饰，官员一般在官服的前胸绣上动物图案，文官用鸟，武官用兽，其中又按品级分别规定哪一级用什么鸟什么兽，是一点也不能含糊的。这样，不用看面貌，一看衣裳的颜色和花饰就知道是什么地位的贵族，什么等级的官员了。当然，衬配着衣裳的还有帽子、靴子，例如皇帝的平天冠，皇后和贵族妇女的凤冠，官员的纱帽、朝靴，以及身上佩带的紫金鱼袋或者帽上的翎毛，坐的车饰，轿子的装饰和抬轿的人数，和住的房子的高度，间数多少，用什么瓦之类等等。在北京，许多旧建筑，主要是故宫，不是都盖的是黄琉璃瓦吗？这种房子只有皇帝才能住。再不，就是死去的皇帝，例如帝王庙。神佛也被优待，像北海的天王殿也用琉璃瓦，不过是杂色的。为了确保专用的权利，历代史书上都有舆服志这一类的专门记录，在法律上也有专门的条款。各个阶级的人们规定穿用不同的服装，住不同的房子，使用不同的交通工具，绝对不许乱用。遵守规定的叫合于礼制，反之就是犯法。合于礼制的意思，就是维护封建秩序。但是，也有例外，例如在统治阶级控制力量削弱的时候，富商大贾突破规定，乱穿衣裳，模仿宫廷和官僚家庭打扮，或者索性拿钱买官爵，穿着品官服装，招摇过市。至于农民起义战争爆发后，起义的人们根本不管这一套，爱穿什么就穿什么，那就更不用说了。今天这些都已经成为历史上的陈迹了。宫殿、王府、大官僚的邸第还可以看到，只是已经变了性质，例如故宫和天王殿都成为博物馆，帝王庙办了中学，成为人民大众游览和学习的场所了。至于服装，除了在博物馆可以看到一些以外，人们还可在舞台上看到。

当铺

当铺唐、宋时名长生库，僧徒坐拥田园收入至厚，设库质钱，独规厚利。陆游《老学庵笔记》八：“今僧寺辄作库质钱取利，谓之长生库，至为鄙恶。予按：梁甄彬尝以束苎就长沙寺库质钱，后赎苎还，于苎束中得金五两，送还之。则此事亦已久矣。”至元名解库或典库、质库，仍为僧寺道观所经营。至大二年（1309）山西平遥清虚观圣旨碑：“但属宫观的庄田水土园林碾磨解典库店仓铺席浴堂船只竹苇醋曲货不拣甚么差发休要者不拣是谁倚气力者不拣甚么他每的休夺要者”是其一证也。《元史·文宗纪》：“至顺元年正月乙亥赐燕铁本儿质库。”《元典章》二十七户部十三有解典条，二十九礼部二有军官解典牌条。通制条格二十七载有解库保护令：“至元十六年六月中书省钦奉圣旨石招讨奏：亡宋时民户大本有钱官司听从开解。自归附之后，有势之家方敢开解库，无势之家不敢开库，盖因惧怕官司科扰致阻民家生理。乞行下诸路省会居民从便生理，仍禁戢录事司不得妄行生事敷敛民户。纵有误典贼赃，只宜取索，却不可以此为由收拾致罪。”则在南宋后期已有民户大家开设解库规利者矣。至明则且由政府规定当铺事例，全国各都会，均有当铺，有山陕帮，有徽帮，以徽帮之势力为最大，其营业亦最发达。明艾南英《天傭子集》六壬申

（明思宗崇祯五年，西元一六三二年）流贼退至吉安永丰上蔡太尊论战守事宜书："当铺事例自南北两直隶至十三省，凡开当铺，例从抚按告给牒文，自认周年取息二分，以二十四月为期，不赎则毁卖原所当物，遇近例，各县有当铺，辽饷则依法输纳，此天下通例也。独抚州当铺不然，其害民甚于流贼。抚州当铺其受当也，首饰衣物直一金者只当五钱，满十月不赎则即取当物毁卖，是以十月而发合倍之；息矣。其依期取赎者，按月三分入息。其放也，每一金轻三四分其取也，每一金昂三四分。其收以晦日，即以晦日为一月，其收以朔日，即以朔日为一月；其书质券也，虽重锦例书破旧，虽赤金例书低淡，即于书券之时预伏将来毁卖以杜其人告官之端。计一岁中当铺四五家，巧取城中民财不下三四千金，所以民间愈损。此风起于近五六年，不过二三市井之徒和集富民，朋收倍息，而时以酒食与乡绅子侄往来为护身之符。为今之计，莫若以辽饷为重，限四门党约，于半年内召请徽商于郡开设，请牒抚按，照依直省通例。小民自趋轻息，而兼并之家自不能行。"

古人读书不易

古代人读书很不容易，因为在印刷术和纸没有发明之前，一般人是读不起书的。书很贵重，得用手抄写在竹简或者木牍上。一片竹简、木牍写不了多少字，几部书装满了好几车子。有人说“学富五车”，说是念的书超过五部车子装的简牍。其实用今天的眼光看，五部车子的书并不怎么多。孔子念书很用功，“韦编三绝”。韦是皮带子，竹简、木牍用皮带子挂起来，才不至于乱。这种书是用绳子编起来的，所以叫作“编”。读得多了，把皮带都翻断了三次，是形容他老人家非常用功，对一部书反复阅读，熟读精读的意思。一句话，这样贵重的书，普通人是读不起的。后来人们把书写到帛上，卷成一卷的，一部书又分作若干卷。帛也很贵，只有有钱人才抄得起。到了纸发明了，虽然便宜些，但是还得手抄，抄一部书很费事，抄很多部书就更麻烦了，一般人还是抄不起。用纸写的书，可以装订成册，册是象形文字，所以书又有“册”的名称。有了书，还得有人教。古代学校很少，只有贵族官僚子弟才能上学。虽然有些私人讲学的，但也交学费，交不起的人还是上不了学。因为书贵，书少，一个学校的学生就不可能人人有书，只能凭老师口授，自己笔记。这样，学习的时间就要长一些，靠劳动才能生活的人们，读书便更不容易了。

总之，由于物质条件的限制，古代人读书，尤其要读很多书是困难的。也正因为这样，读书也有阶级的限制，官僚子弟读书容易，平民子弟读书困难，知识被垄断了，士排列在农、工、商之前，就是这个道理。

到印刷术发明以后，书籍成为商品，可以在书店里买到了，但是，还是有限制，穷人买不起书，更买不起很多书。穷人要读书，得想法借，得自己抄，这是很困难。例如十四世纪时，书已经成万部地印出，各大城市都有书肆，但是穷人要读书，还是非常艰苦。明初有名的学者宋濂，写了一篇《送东阳马生序》，谈他自己读书的艰苦情况说：

“我小的时候，就喜欢研究学问，家里穷，弄不到书，只好到有书的人家借，亲自抄写，约定日子还。大冷天，砚都结冰了，手指冻得弯不过来，还是赶着抄，抄完了送回去，不敢错过日子。因为这样，人家才肯借书给我，也才能读很多书。”

“到成年了，越发想多读书，可是没有好老师，只好赶到百多里外，找有名望的老先生请教，弓着身子，侧着耳朵，听他教诲。碰到他发脾气，我越发恭谨，不敢说一句话。等他高兴了，又再请教。我虽然听得不很明白，但到底还是学了一些知识。”

“当我去求师的时候，背着行李，走过深山巨谷。冬天大风大雪，雪深到几尺，脚皮都裂了也不知道。到了客栈，四肢都冻僵了。人家给喝热水，盖了被子，半天才暖和过来。一天吃两顿，穿件破棉袍，从不羡慕别人吃得好，穿得好，也从不觉得自己寒伧。因为求得知识是最快乐的事情，别的便不理会了。”

宋濂是在这样艰苦的情况下，经过努力，攀登学问的高峰的。他在文章的后面，劝告当时的学生说：

“你们现在在太学上学，国家供给伙食、衣服，不必挨饿受冻了。在大房子里念书，用不着奔走求师了。有司业、博士教你们，不会有问了不答、求而不理的事情了。要读的书都有了，不必像我那样向人借来抄写。有这样的条件，还学不好，要不是天资差，就是不像我那样专心、用功。这样好条件，还学不好，是说不过去的。”

这一段话，我读了很动心。今天，我们学习的条件，比宋濂所劝告的那些学生的时代，不知道要好多少倍，要是不努力，学不好，我看，也是说不过去的。

古人的业余学习

在封建社会里，学术文化是掌握在地主阶级手里的。因为只有他们才有时间，读得起书；才有钱，抄或买得起书，和请得起老师，付得出束脩。

农民、手工业者和其他的穷苦人，这样也没有，那样也没有，读不起书，更谈不上掌握学术文化。

这是封建社会阶级关系的一种表现，教育被垄断，绝大多数人民被排除在学术文化领域之外，是普遍的基本的现象。说是普遍的基本的现象，也还是有不少的例外。

历史上有不少穷困的农民、穷人，发愤图强，克服困难，顽强学习，成为著名的学者。例子很多，现在只举列入儒林传的一些人，顺便指出，正史里名列儒林传的大体是后一时代认为在某一学术领域有成就、有贡献的学者。

后汉桓荣年轻时和哥哥元卿在田里做活，一到休息时候，桓荣便打开书本，朗诵起来。哥哥笑他，白费气力讨苦吃，中什么用？后来桓荣成为学者，哥哥才叹口气说，像我们这样的农民，哪能知道念书有这样好处呢！另一学者倪宽，从名儒孔安国授业，也是家里穷，只好为人佣作，带经而锄，上学以后，给同学做杂事维持生活。虞溥《江表传》记张纮居贫，躬耕稼，带经而锄，孜孜汲汲，夜以继日，至于弱冠，无不穷览。晋徐苗白天耕种，晚上念书。梁沈峻家世农夫，他发愤好学，白天黑夜，努力钻研，到困极时便拿棍子打自己，后来博通五经，尤长于三礼。孔子去耕耘樵采时，还带着书念，一到农闲，越发努力，成为古文《尚书》学者。北齐李铉春夏务农，冬闲入学，成为当代经师。

也有的是放猪、放羊、放牛的苦孩子，经过刻苦努力成为学者的。著例如后汉的承宫，七岁时替人放猪，同村《春秋》学者徐子盛正在讲学，承宫每次经过，在门下偷听。主人发现了，要打承宫，徐子盛的学生出来阻止，承宫就此留在徐家，一面替学生们砍柴做杂活，一面学习，终于有了成就。晋朝王育替人佣工牧羊豕，住的地方靠近学堂，他便趁空捡些柴火，卖了钱请人抄书，晚上用蒲叶学写字，终于博通经史。前燕张悕也靠牧牛过活，他和王育一样，也是捡柴请人抄书，在树叶上写字，成为学者的。

他们解决生活和学习的矛盾的方法，是边劳动，边学习。没有书，便自己抄，如梁朝袁峻家里穷，买不起书，便向人借书，自己抄写，每天抄五十张纸，不抄完不休息。任孝恭向人借了书，每读一遍，讽诵略无所遗。《三国演义》里诸葛亮舌战群儒，对手之一的阚泽，是替人抄书出身的，他抄了一遍，便记得了。

上面所举的只是极少数的几个例子。由此看来，在历史上，尽管封建地主阶级包办了学术文化，但是学术文化不尽出于封建地主阶级，穷苦农民和牧猪牧羊的孩子只要有坚定的决心、持久的毅力、不懈的学习，是可以克服一切困难，攀登当时学术高峰的。当然，这些人在成为学者以后，或者有了田地，或者做了官，阶级成分变了，那是另一回事。

克服困难，勤劳学习，这是我们祖先的优良传统，是值得发扬的。

业余学习之风，古已有之。不同的是古人只能凭个人的努力，而今天呢，有各种各样业余学习的机会，党和政府为愿意学习的人准备了一切条件，看看我们先人的事迹，不值得我们思之重思之吗？

刑与礼

刑不上大夫，礼不下庶人。

大夫与庶人是两个阶级，一个是劳心者，是君子，也就是贵族；一个是劳力者，是小人，是野人，也就是老百姓，有义务而无权利的老百姓。天生着贵族是为治理小民的，该老百姓养他，天生着老百姓是做粗活的，种田锄地，饲蚕喂猪，养活贵族。

刑是法律，法律只是为着管制老百姓而设，至于贵族，那是自己人，自己人怎么可以用法律对待？“本是同根生”，共存共荣，自己人只能谈礼，除非是谋叛，那又作为别论。

贵族也会做错事，万不能照对付老百姓的办法，于是乎有八议，议什么呢？第一是议亲，第二是议故，第三是议贤，第四是议能，第五是议功，第六是议贵，第七是议宾，第八是议勤。一句话，和统治者有亲、有故、有功，都不受普通法律的制裁，亲故功都说不上，还有贵，官做大了就不会犯罪，再不，还有贤啊，能啊，勤啊，总可以说上一个，反正贤能无角无形，只要说是，谁又能反驳呢？于是乎贵人不死了。

继承尧舜禹汤文武周公孔子以及什么什么以来的道统，允执厥中的我中华民国，忝列为世界五强之一，凭的是，就是这个“道”。

而且，过去的议宾，只是很少数的例外，前朝的统治者家族早已杀光，无宾可议（只有宋朝，优待柴世宗子孙，《水浒传》上的小旋风柴进家藏免死铁券，是个例外，还有民国初年的溥仪），而现在呢，把它解释为外国使节的驻外法权，不更是为有经有据吗？

就刑不上大夫这一古代的历史事实，来了解当前的许多问题，也许不是白费精力的吧！